U0125470

Gender Practices and
Identity
in the New Era of
Consumption

YOUNG WOMEN IN BARS

走进酒吧的
年轻
女性

黄燕华 著

消费新时代的
性别实践
与身份认同

社会科学文献出版社
SOCIAL SCIENCES ACADEMIC PRESS (CHINA)

目 录

前　言

　　作为一个社会转型期的都市休闲娱乐场所，酒吧既深受西方新自由主义和消费文化的影响，也有本土性特征，国家、市场、文化和个体在其中相互作用。进入酒吧的年轻女性既是消费主义者和享乐主义者，同时也是身处特定的性别文化历史发展中的个体。本书以唯物主义女性主义为理论视角，采用参与观察和深入访谈法，研究在社会态度普遍负面的情况下，年轻女性在酒吧中的实践、体验、看法与感受。酒吧可以被视为一个"压缩现代性"的实验室，年轻女性在其中的实践与反思为我们提供了一个窥探当代中国的性别、阶层与道德变迁的窗口。

　　酒吧是基于对传统性别关系的运营来盈利的。然而，性别权力关系不是绝对的支配与被支配，而是处于持续的、动态的协商过程之中。新的消费文化和传统的性别文化规范在酒吧中的交织构成了一个"阈限空间"。对于女性而言，这个空间不仅是她们需要在其中对新、旧规范的交织所产生的开放性和可能性所带来的享乐和风险进行协商的实践空间，还构成了由该空间的暂时性和非决定性所引发的，对更深层的欲望和尊严进行协商的话语空间和伦理时刻。年轻女性在对享乐与风险、欲望与尊严的协商中进行着有关性别、阶层与伦理的实践与反思。阶层的重构与新的作为差异政治资源的"性别"范畴交织在一起，显然有"女性化"倾向；且由于改革开放后本质化性别话语的回归，这种新的阶层分化在性别表征的掩盖下被自然化和忽视了。不仅如此，由于始终缺乏社会性别意识，消费主义对个体、差异的强调进一步制造了女性主体的分裂和女性群体的分化。年轻女性对"道德主体"的协商正是这些变迁在主观体验上的深刻显现。虽然年轻女性在酒吧中的实践与反思在某种程度上仍停留在父权制框架中，但她们并不全然是消费文化和父权制的"傀儡"。不管是在社会态度普遍负面的情况下仍然选择进入酒吧，还是在酒吧中更具体的对享乐与风险、欲望与尊严的协商，这些超越"性别"范畴的对个体、自由、平等的强调和对传统性别文化的反思和抵抗都是当代年轻女性一种整合生活政治和解放政治的微观政治的体现。我们要看到，当前中国的年轻女性中存在着有特色的性别实践和身份认同。

第一章 导论：年轻女性与酒吧

第一节 研究缘起：当年轻女性走进酒吧

研究话题

作为一个女生，我常常因为"能喝一点"而显得有些特别。最开始喝酒是在高考之后，于家以外的场合。高考结束之后，我们仿佛在一夜之间"长大成人"，开始了社交生活。教室、宿舍、食堂那"三点一线"的单调生活瞬间转换成了"庆祝解放"、"感伤离别"和"互倾情愫"的各种各样的聚会和玩乐。我们与朋友、同学，以及朋友的朋友、同学的同学之间一下产生了千丝万缕的交集，我们常常相约黄昏后，溜冰、打牌、吃饭、唱歌、喝酒……玩闹到深夜。喝酒本身通常不是目的，也并非爱好，却总是起着将聚会推向高潮的催化作用；劝不喝酒的人喝酒，推杯间他们的忸怩、糗态，或是酒酣耳热后的吵闹、暧昧，总能在座席间掀起一波又一波的情绪热浪。尽管觉得酒不好喝，但大多时候愿意爽快喝酒的我，结交了一帮"无酒不欢"的朋友，我们经常相约去 KTV 玩游戏、喝酒、唱歌……虽然我们只是"小打小闹"，喝得节制，但从那时候起，我就成了一个他们口中"能喝酒""爱玩"的女生。并且，在几次因为深夜"面红耳赤"的样子回家，被老妈指责"女孩子家半夜喝成这样很难看"之后，我喝酒的时候总有些惴惴不安，微醺的时候也总要强力表现出十分清醒的样子。后来，家族聚会的时候，知道我"会喝酒"的男性长辈们也总会给我"特殊照顾"，问我要不要也喝一点。他们的脸上总是堆着带些玩味的笑容，似是对"一个女生也会喝酒"的赞赏，也觉得这很有趣，他们也总乐此不疲地在不同的家族聚会中强调这件事情，以此为话料。在我喝着酒，隐隐有些得意于所受到的特殊待遇之时，长辈们总是话锋一转，开始叮嘱我"在家喝一点没关系，在外面不能喝多，女孩子家不能那样"，诸如此类。这样几次之后，当我再收到长辈们喝酒的邀约时，我常常以"喝了酒容易睡不着""中午不太习惯喝酒"等借口婉拒。有外人在的场合、非重大节日不喝酒成了我给自己定下的规矩。后来上了大学，也偶有班级、学生组织部门、老乡会聚餐喝酒的时候，不过次数不多。读硕士期间，进了一个喜欢聚会喝酒的师门之后，似乎颇有些酒量的我很快受到了一些关注，以至于在某次师门聚会的把酒言欢中，"饮酒与性别"草率却有如宿命般地成为我硕士学位论文的研究话题，在我继续攻读博士之后，我的研究也没有离开过这个话题。

我的硕士学位论文是对国内一本与酒有关的杂志中的图片进行批判话语分析。对于这篇论文我不甚满意，因为那些静止的图片所提供的有限材料让我在试图呈现"饮酒与性别"这个极具张力的话题之时备感无力。留校读博，我的"硕导"变成了"博导"，继续这个话题的研究似乎颇为顺理成章，导师与我也从来没有讨论过是否换题。开始读博生涯之后，我果断"抛弃"了硕士学位论文的研究对象与研究方法，希望能够做一个更"接地气"的、生动有趣的关于"饮酒与性别"的研究。国内关于饮酒文化的研究不多，仅有的一些研究也只是关注狭义的酒文化，如少数民族的酒文化（何明，1998），诗词文学中所体现的酒文化（周蒙、冯宇，1993），或是以酒文化为切入点来反观社会环境的变化与发展（萧家成，2000；强舸，2019），并不涉及对性别的讨论。

中国的饮酒文化源远流长，如果要对饮酒文化做出更有延伸性的理解，就需要从人与酒之间关系的复杂性和矛盾性等更广的文化意义出发，同时更多地关注本地性和生活经验。性别无疑是能够帮助我们更深刻地理解饮酒文化的最迫切、有趣的维度之一。相比之下，国外学者基于性别视角的有关饮酒文化的研究成果颇丰，这让我有些不安，但更让我坚定了继续这个研究的信心。带着这样的复杂心情，我开始继续阅读国外的相关文献，也很快就定下了"酒吧"这个田野点以及"酒吧中的女性"这一研究对象。我想，对于"饮酒与性别"这个话题，大约没有比这些更让人兴奋的田野点和研究对象了，因为"酒吧"和"酒吧中的女性"让我可以直接面向现代的消费文化语境，同时又可以在特定的、具体的场域中对"饮酒与性别"这个话题进行探讨，让我不用苦于追溯中国几千年悠久的饮酒文化，也无须考虑在家小酌与在外应酬喝酒之间到底有何差异。于是，我开始以"酒吧""女性"等关键词搜索和阅读文献，并开始进行初步调研。如果说我对饮酒与性别这个话题的关注一开始是出于性别视角的好奇，那么，我真正的经验困惑实际上是在初步调研中产生的。

经验困惑

主流社会对于女性去酒吧普遍抱有消极态度，这是我在进行初步调研之后的发现。这个发现不仅来源于观察和访谈，也来源于我对相关社会新闻的分析。

从女性受访者的角度来看，她们对自身、身边的人有关女性去酒吧的消极态度都有着清晰的感知和认识。首先，大部分受访者都谈到自己初入酒吧前对酒吧的负面观感。比如如彬①谈道，"去（酒吧）之前挺怕的，不敢去，因为感觉里面有点乱……"；白妮也谈到自己一开始对酒吧的抵触，"其实最开始去那种地方我还挺抵触的，因为我小学的时候是很乖的女孩子"。其次，绝大多数受访者谈到家人、男朋友或者朋友对自己去酒吧的消极反应。比如，陈希谈到自己最开始去酒吧的时候还会偶尔发一发朋友圈，但因那时候还没有将父母的用户账号屏蔽，后来就被父母批评了的经历，"他们会说'女生啊，那种地方很危险啊'。老一辈的思想就是觉得有人会在你的酒里面下药，把你带走"；白妮则谈到现任男友对自己去酒吧的激烈反应，"他总会说'你敢去你就完了'，他控制欲超级强，从来没有想过我以前挺爱玩的，他认识我之后觉得我是挺安稳的女孩子，不会去那种地方（酒吧）的……他可能就是心里会有点怕怕的，怕我爱玩啊，干出点什么出格的事情"；芬芬则是谈到自己对酒吧聚会和初高中同学聚会的区分，"不会把在酒吧里玩的那一套用在同学聚会上……因为她们对我的印象是一个

---

① 为保护受访者的隐私，文中使用名均为化名，其年龄和经历年限的计算时间均截至 2021 年底。——笔者注

乖乖女，跟性感啊、化妆啊离得很远，是一个很正的形象，所以我跟他们去的时候会刻意这样（保持很正的形象）"。

上述对女性去酒吧所展现的消极态度存在于更广泛的社会语境中，这是我对相关的社会新闻的批判话语分析中得出的结论。事实上，一些受访者认为，她们自身以及周围的人对酒吧的消极观感正是来源于相关的社会新闻和影视作品。

2020 年 1 月 8 日，北青网刊登了一则题为《内蒙古一女子醉酒后遭"捡尸"，醒来后发现……》的新闻，随后，凤凰网、新浪网、网易新闻、搜狐新闻等知名新闻平台也相继登出了题目被改为《女子深夜醉酒，退房发现消费避孕套才知遭"捡尸"》的同一则新闻。以下内容摘自凤凰网的报道。①

女生饮酒过量，男生把醉酒的女生带走发生性关系，这种行为被称作"捡尸"。2019 年 11 月，通辽女子小玲就遭遇了这样的事情。不过，在警方的努力下，目前，犯罪嫌疑人邵某已被刑拘并批准逮捕。

家住内蒙古通辽市的小玲在事业单位工作，今年 30岁出头，离异数年。2019 年 11 月 27 日晚，小玲在家喝了不少啤酒后又来到一酒吧与朋友继续喝酒。这期间酒吧的演艺引起小玲的兴致，于是她离开座位前往拍摄角度较好的一处酒桌用手机拍摄小视频。

此时，男子邵某正和朋友围坐在这张桌边喝酒。邵某

---

① 《女子深夜醉酒，退房发现消费避孕套才知遭"捡尸"》，2020 年 1 月 8 日，http://news.ifeng.com/c/7t40h5X1rSy，最后访问日期：2021 年 12 月 31 日。

今年 20 多岁，未婚，身材高大长相俊朗，简单交谈后，小玲坐在邵某所在的酒桌又与邵某等人喝酒。

据警方询问时小玲自述，她自己不知喝了多少酒。警方调查了解到：这期间小玲的朋友想拉小玲离开但她不走。一直到次日凌晨 2 时许，邵某见小玲已酒醉，就将小玲带离酒吧。在离开过程中，小玲因醉酒无法行走多次摔倒，邵某就拽着小玲上了邵某朋友陈某某开的车来到某快捷酒店。

据警方调查：邵某利用陈某某的驾驶证开了一个房间，并交付押金，将酒醉的小玲带至房间后发生关系。邵某使用的是酒店房间里摆放的一盒避孕套，这期间小玲醉酒无意识，邵某在与小玲发生关系后，将使用过的避孕套丢进卫生间马桶内冲走，并将剩下的避孕套揣入衣兜后离开酒店。

2019 年 11 月 28 日 9 时许，小玲在酒店房间睡醒后下楼退房。在退房结算房费时，清理房间的服务员通知酒店前台，该房间消费了一盒避孕套，小玲这才发现端倪，于当日 11 时报警。

通辽市公安局科尔沁区分局红星派出所民警接警后对受害人小玲进行询问，并根据入住酒店时登记的陈某某驾驶证信息进行调查，但未查到陈某某的联系方式。民警通过细致工作，联系到陈某某的亲属后最终确定当事人为邵某。2019 年 11 月 28 日晚 10 时许，邵某在家中被民警带走协助调查。

警方对邵某讯问时，邵某承认他与小玲双方都在酒醉的情况下发生了性关系，他认为属于双方自愿不构成强奸犯罪。但这些狡辩是徒劳的，2019 年 11 月 29 日该案被立为刑事案件，犯罪嫌疑人邵某现已被刑拘并批准逮捕。

虽然该案件的结果似乎指向了一个惩戒加害者的"完美结局"，但是，这则新闻中对案件的陈述和与之相关的网络评论弥漫着"强奸迷思"（rape myth）（Schwendinger and Schwendinger，1974；Brownmiller，1975）——通过将强奸的责任转嫁到（女性）受害者身上，一方面化解性暴力与社会公义二元对立的矛盾，另一方面也合理化男性主宰的性（别）互动，进而巩固父权体制的意识形态（Burt，1980；Kettrey，2013）。具体而言，"强奸迷思"包含各种对受害者的责难、肇事者免责，并且合理化性暴力的倾向（Payne，Lonsway and Fitzgerald，1994）。国内外研究"强奸迷思"的文章已有不少，这并非我的关注点。我的关注点是：在这则强奸案的新闻报道和相关的网络评论中，小玲在酒吧中的种种行为如何成为责难受害者的关键理由。

从这则新闻来看，一方面，报道中隐含着对受害者小玲的责难。首先，对受害者的特征描述——"小玲……今年 30 岁出头，离异数年"——极有可能引导读者将小玲的离异、亲密关系状况与喝酒、去酒吧之间建立关联，例如，30 岁出头、离异的小玲的亲密关系可能是一直存在问题的，她想必烦恼不少且渴望亲密关系，所以会去酒吧，甚至渴求与男性发展亲密关系。其次，对于事件发生过程的描述，如"喝了不少啤酒后又来到一酒吧与朋友继续喝酒""她离开座位前往拍摄角度较好的一处酒桌""简单交谈后，小玲坐在邵某所在的酒桌又与邵某等人喝酒"，将小玲建构为一个有能动性的主体，而"小玲自述，她自己不知喝了多少酒""这期间小玲的朋友想拉小玲离开但她不走"，则更进一步暗示了一个对自己不负责任、过度饮酒的失婚女的形象。另一方面，报道中存在从施害者立场出发的肇事者免责倾向。该报道对加害者邵某的特征描述——"邵某今年20多岁，未婚，身材高大长相俊朗"——暗含着国外学者所提出的强奸犯立场所具有的"强奸迷思"之一，即"自己很受女人欢迎，不需要强奸女人"（Scully，1990）。该报道暗示，20多岁、未婚、身材高大长相俊朗的邵某应该很受女人欢迎，不需要"强奸女人"，因此，"被强奸"是这位30岁出头、离异数年、对自己不负责任、饮酒过量的小玲"自找的"（asking for it）（Brownmiller，1975）。

尽管该案最后被立为刑事案件，犯罪嫌疑人邵某被刑拘并批准逮捕，但对该案件的报道和相关评论却充满了"强奸迷思"。就像在报道接近尾声之处，"警方对邵某讯问时，邵某承认他与小玲双方都在酒醉的情况下发生了性关系，他认为属于双方自愿不构成强奸犯罪。但这些狡辩是徒劳的……"，邵某为自己行为辩护的失语和戛然而止，给读者留下了想象甚至唏嘘的空间，勾起潜藏在读者大众中的"强奸迷思"——若非女性外表、行为放荡，男性也不会受到强烈的生理欲望驱使，进而犯下罪行（Benedict，1992）。

该则新闻在不同的网络平台引发了许多评论，这些评论更直接地表现出了存在于大众中的"强奸迷思"，他们纷纷谩骂和谴责受害者小玲，同时为施害者邵某"喊冤抱屈"，甚至为其"献言献策"。对于小玲的谩骂和谴责主要围绕其在酒吧中的行为展开的，比如"女的愿意出来到酒吧喝酒，首先就不

是什么正经货色，早已做好了各种准备……"　"单身女装醉待
'捡尸'，报什么警"　"虽然，那种说女的被强奸，就是女的勾
引，我很不赞同。但是，朋友拉不动，喝酒停不住，见人帅就
聊个不停的样儿。真的，你都这样了，还不让人对你有非分之
想？那你才是在耍流氓"等。绝大多数评论认为，是小玲
"不自爱"，"勾引"邵某，才致使邵某"冲动"犯下罪行。
而小玲"不自爱"，"勾引"邵某的证据则是小玲在酒吧中喝
酒、醉酒及之后主动攀谈、不听劝等行为。对于邵某的"冲
动犯罪"，一些评论认为邵某"有些冤枉"　"倒霉"，此事是
"双方自愿"，邵某的问题在于"不该用酒店的避孕套"、"应
该用自带的避孕套"或是"应该把房钱和避孕套的钱都付
了"，甚至提出如果邵某"一直陪到第二天，其间殷勤照顾并
且在离开时付清房费"，[①] 那此事的结局就会大有不同。

　　总而言之，虽然该案件的结果似乎指向了一个惩戒加害者
的"完美结局"，但无论是该则新闻对案件的陈述还是大众的
评论，都弥漫着指责受害者和从施害者立场出发的肇事者免责
倾向的"强奸迷思"。而正是小玲在酒吧中的种种行为成为责
难受害者的关键理由，这进一步佐证了大众对去酒吧的女性的
负面态度。

　　综上，无论是在现实调研中，受访者所谈到的自身对酒吧
的初始印象和她们所感受到的来自父母、男朋友甚至普通朋友、
同学对她们去酒吧的态度，还是社会新闻对去酒吧的女性的呈
现和大众对这些女性的评判，都证实了社会大众对去酒吧的女

---

① 　以上表述引自该新闻事件在各大网络新闻平台报道文章下的评论。——笔
　　者注

性普遍持负面态度。这些负面态度既来自类似上文中所涉及的大众媒体对于酒吧的"高度性别化"呈现，亦来自个体的生活经验和日常交流。事实上，这也是很多人没去过酒吧却对其望而却步的原因。然而，尽管对社会大众对于去酒吧的女性的负面态度都有所感知和认识，大多数女性受访者依然表示自己喜欢去酒吧，并且仍然会去酒吧；而且，在酒吧的实地调研中，我了解到，现在有越来越多的年轻女性正在进入酒吧。基于此，我的经验困惑是：在社会大众普遍对泡吧①女性持负面态度的情况下，为什么这些年轻女性仍然会去酒吧，并且有越来越多的年轻女性去酒吧？这个经验困惑正是本书的研究起点。

第二节　性别研究视角下的饮酒与酒吧

饮酒的相关实践及后果是主流社会用以分化、象征和规范性别角色的重要途径（Joffe，1998；Warner，1997）。从工业社会向消费社会的转变，引发了一系列经济、社会、文化上的变革；市场扩张、夜间经济的发展和政府管制的放松催生了一种新的饮酒文化。本节中梳理的研究结果表明，尽管以酒吧为核心的夜间经济常常将年轻、单身的女性作为特别的市场目标，但当前新的饮酒文化再生产着新形式的性别不平等和阶层分化。国内目前关于酒吧的研究屈指可数，并且这些研究在宏观、中观、微观层面均存在不足。

---

① 泡吧指人们走进酒吧，在酒吧所提供的特定氛围中休闲放松和社交互动的行为，是大众对去酒吧休闲消费的流行用语。后文多处用泡吧、泡吧女性进行相应表达。——笔者注

关于饮酒的性别研究

饮酒一直是人类社会生活中的重要活动之一（萧家成，2000）。酒精由于会对人的身体和思想情感产生影响，通常被视为人与神之间沟通的桥梁。另外，因为酒在早期社会中是稀缺品，所以一直处于社会上层的垄断之下。正因如此，在大多数社会中，酒都是比较高档的东西，拥有酒的生产、分配权，以及有能力选择好酒、购买好酒即是拥有财富和权力（Chrzan，2013；黄燕华，2017）的象征，而财富和权力一直是传统男性气质中固化和稳定的内容（佟新，2005），这就决定了自古以来与酒相关的领域的主导者都是男性。不仅如此，有学者认为，饮酒的相关实践及后果是主流社会用以分化、象征和规范性别角色的重要途径（Joffe，1998；Warner，1997）。

关于饮酒的性别研究都来自国外。20 世纪 90 年代之前，关于饮酒与性别的议题聚焦于饮酒领域中性别化的刻板印象和双重标准，例如，有学者发现，在一些社会或者社会情形中，喝酒通常被视为男性气质的表现（Campbell，2000；Driessen，1992；Roberts，2004；Suggs，1990），而对女性喝酒的限制则象征着女性的屈从（Nicolaides，1996；Willis，1999）。这种从女性主义视角出发的研究路径甚至延伸到了对有关酒的研究领域的批判，比如酒研究一直以来都是由男性主导的，并且这些研究关注的都是男性，这维护了传统父权制下的两性关系（Ettorre，1986）。

具体而言，国外学者关于两性在饮酒方面的差异的研究成果颇丰。对不同历史时期和地域的研究表明，不管是喝酒的人数，还是酒类消费量和消费品质，女性都远低于男性。由饮酒引发的诸如健康问题、失业等社会问题，亦更多发生在男性群体中（Beals et al.，2003；Almeida-Filho et al.，2004；Munné，2005；黄燕华，2017）。一些研究更深入地探讨了两性在饮酒态度和行为上出现差异的原因。从生理角度来看，由于男性对酒精的代谢速度较快，比女性更能够感受到喝酒的快乐，他们喝酒的数量和次数都显著高于女性（Baraona et al.，2001）。尽管如此，众多学者认为，社会文化才是两性在饮酒态度和行为上出现差异的最根本原因，相关研究从权力、性、风险、责任等维度对此进行了分析（黄燕华，2017）。

首先，男性会通过饮酒展示自身性别的优越性，加强其对女性的控制。在很多社会中，对酒的控制被用来象征、区分和限制两性角色。研究表明，虽然过度饮酒并不被社会所鼓励，但是有能力喝更多的酒会使男性更富有男性气概（Roberts，2004）；而限制女性喝酒则象征着男性对女性的控制（Campbell，2000）。其次，喝酒会使人出现攻击倾向，以此获得对别人的控制。相关研究发现，这种情况更倾向于出现在男性身上，过量饮酒使男性出现攻击倾向，增加了对女性的暴力行为（Giancola，2002；Abbey，2002；Graham and Plant，2004）。再次，酒精对性所产生的影响在性别上也有显著差异。研究发现，喝酒过后，男性的性期待远高于女性（Demmel and Hagen，2004；Morr and Mongeau，2004）。针对女性喝酒的社会态度及社会政策一直以来都由传统性别观念所形塑。一方面，为了预防女性过度饮酒后在性上变得异常活跃开放，一些政府推出了控制女性喝酒的政策法规（Nicolaides，1996；West，1997），社会主流也普遍不支持女性喝酒（Leigh，1995；Roberts，2004）；另一方面，由于害怕喝酒后可能遭遇男性的攻击和骚扰，女性也会自发地控制自身的饮酒行为（Abbey，2002）。复次，两性对风险的感知和接受程度的不同也会引发两性在有关喝酒的态度和行为上的差异。勇于承担风险能展示男性气质，因此男性更可能让自己喝醉，也更乐于承担喝醉后可能发生的攻击和暴力行为等状况的后果。为了展现男性气质，男性也更可能冒着健康遭受侵害的风险喝更多的酒，而女性则倾向于规避饮酒过度可能引发的健康风险（Courtenay，2000；Weber，Blais and Betz，2002）。最后，两性对承担责任的态度也会影响他们的饮酒行为。在墨西哥开展的一项研究发现，经常与自己的朋友一起喝酒、醉酒能使男性躲避一些责任，或者以此表现自己无须承担某些责任（如家务），进而获得他人对自身男性气质的认可（Magazine，2004）。相较之下，女性因为扮演更多的角色，需要应对不同角色之间可能存在的冲突，所以需要控制自身的饮酒行为，以规避饮酒可能带来的角色失败。社会大众也一直在监视着女性对这些责任的承担和执行（Wilsnack and Cheloha，1987）。

如上所述，饮酒实践及其可能产生的后果的性别差异以及这些性别差异的不同表现大都源于文化（Wilsnack，Wilsnack and Obot，2005）。饮酒的相关实践及后果经常被作为分化、象征和规范性别角色的重要途径和依据（Joffe，1998；Warner，1997）。普遍的饮酒模式中的性别差异可以帮助我们理解社会是在何种程度上分化性别的，因此，更好地理解男性和女性在饮酒实践中的差异是回答社会为什么、怎么样让男女两性有不同表现的关键所在（Wilsnack，Wilsnack and Obot，2005）。近几十年来，人们越来越关注饮酒行为作为分化性别角色的维度，因为在一些社会中饮酒行为中的性别差异变得越来越小，而关于这个趋势的一个普遍假设是女性拥有更多扮演传统男性角色的机会，这鼓励了女性饮酒（Bergmark，2004；Bloomfield et al.,2001），并且这些女性通常是年轻人（Grant et al.,2004；McPherson，Casswell and Pledger，2015）。然而，问题在于，这种性别差异的变化趋势只是表现在饮酒行为的某些方面（Grant et al.,2004），比如说只是男性饮酒减少而非女性饮酒增加，或者女性只是获得了在形式上的饮酒的平等机会。

总而言之，社会对两性饮酒的影响在历史和文化上都是复杂的，研究者在进行关于饮酒与性别在不同社会文化背景中的研究时，对于饮酒行为性别差异的变化所反映的两性角色变迁，有必要避免得出过于简单的结论（Wilsnack，Wilsnack and Obot，2005）。我们需要进一步了解不同社会文化背景中的女性饮酒相关实践，尤其是在当前复杂的、全球化的消费社会语境中。

关于酒吧的性别研究

从文献来看，酒吧最早指的是英国旅馆和饭馆中专门卖酒的地方，其最初是作为农家定期聚会的场所，与中国乡村地区市集的小酒家有些类似。随后由于酒的独特魅力和酒产业的发展，酒吧便从旅馆和饭馆中独立出来。工业革命后，伴随着都市化的发展和市场经济的建立，生活的流动性加大，城市人口增多，人们在城市生活中需要能够提供外食、社交和休闲的场所，于是酒吧就如雨后春笋般在当时的英国城市中出现。18世纪初期，酒吧在欧洲的发展如火如荼，仅仅伦敦这一座城市就有3000多间酒吧（唐卉，2005）。进入后工业时代，消费社会高度发展，以文化消费为目的的空间规划出现在居民的生活环境中，酒吧也转变成一种日益大众化、普及化的文化消费场所（谢建和，2009）。总的来说，酒吧的饮酒实践传统源起于欧美国家的工人阶级男性（转引自 Bailey，2012），部分参与其中的女性也都来自工人阶级。直至 20 世纪 80 年代消费社会的高度发展，来自不同社会位置的年轻女性都被号召积极参与饮酒实践以履行"享乐义务"（Bailey，2012）。

学者们认为，从工业社会向消费社会的转变，引发了一系列经济、社会、文化上的变革；市场扩张、夜间经济的发展和政府管制的放松催生了一种新的饮酒文化，人们关于饮酒的态度和行为发生了变化（Measham and Brain，2005）。从我所收集的材料和国外的相关研究发现来看，长久以来一直存在的饮酒行为上的性别差异也已然蔓延至酒吧这一现代休闲消费场所：酒吧消费在传统上是一种专属于男性的休闲活动，然而，当代的年轻女性似乎有了新的自由来享受这种休闲活动（Brooks，2008）。基于此，相关研究认为，酒吧已成为对女性更友好的休闲场所（Brooks，2008）。有学者认为，是女性主义使得女性有更多使用公共空间的机会（Watson，2000），社会似乎也比以前更能接受她们这样做。

20 世纪 90 年代之后，英语国家涌现了一批关于酒吧等夜间休闲消费场所与性别有关的研究。这些研究主要从后现代女性主义视角出发，以西方新自由主义、消费文化、个体主义为背景，围绕性/别、女性气质、身体呈现、乐趣、风险、阶层、消费等关键词，探讨年轻女性在酒吧中的行为和实践。研究结果表明，作为一个西方新自由主义精神主导的后现代消费场域，尽管以酒吧为核心的夜间经济常常将年轻、单身的女性作为特别的市场目标，这些夜间经济场所仍然是高度性别化的，其所孕育的新的饮酒文化再生产着新形式的性别不平等和阶层分化。

具体而言，在高度"性别化"的夜间休闲场所中，年轻女性挣扎于享受自由和赋权的新女性气质和遵循"得体"的传统女性气质之间，她们既被期待能够维持传统"得体"的、"令人尊敬"的女性气质，又被鼓励遵循特定的异性恋女性气质的行为模式，展现自己的性吸引力以获得自信和性主动权，同时控制好可能与之相伴随的诸如性暴力、性骚扰等风险（Measham and Brain，2005；Sheard，2011；Bailey，2012；Nicholls，2012，2017；Brooks，2014）。值得注意的是，大众文化中强调个体、选择和赋权的"后现代女性主义"的盛行，女性主义作为一种"共识"被认为已经过时了，因此，在年轻女性关于自身饮酒实践的叙述中，女性主义话语明确缺席。在无法诉诸女性主义话语的情况下，年轻女性在试图协商因为在酒吧喝酒、喝醉等情况下可能呈现的不"得体"的女性气质的过程中产生了阶层分化，工人阶级女性和中产阶级女性使用不同的话语来表达与酒吧相关的群体内部差异，阶层经由这些高度编码的术语被再生产。总而言之，在无法诉诸女性主义话语的情况下，后现代女性主义不仅强化了性别权力关系，还通过对阶层化的女性气质的重构，在女性之间产生了不平等。性别与阶层正在这种新的饮酒文化中被重构（Bailey，2012）。

国内目前没有基于性别视角的酒吧消费文化的研究，仅有的几篇与酒吧相关的文章也基本停留在对酒吧的基本特征和酒吧消费者的基本特征、消费动机等的简单描述上。根据文献，酒吧大约是在20世纪初传入中国的，最初出现在使馆区等外国人聚居的地方，光顾酒吧的主要是留学生、使馆工作人员、外国商人和中国的诗人、艺术家、大学生等，当时的酒吧文化是先锋文化的一种（陈微，2003）。20 世纪 90 年代，随着人民生活水平的提高，大众消费文化的普及，休闲生活逐渐受到重视，加之商业资本运作和市场开拓，酒吧开始成为中国城市中的主要夜间休闲消费场所之一。

作为一个外来文化的产物，国内语境下的酒吧一开始就是基于自由、放纵等符号意义发展的特殊场域。因此，酒吧是全球化与本土化杂糅特征最为典型的消费地之一，是一个政府与市场合力推动的空间，与全球化、消费文化和市场经济紧密联系在一起（王晓华，1998；包亚明，2006；唐卉，2005；辜桂英，2008；林耿、王炼军，2011）。有学者进一步描述了作为消费空间的酒吧的基本特征、酒吧消费者的基本特征、消费动机等。调查发现，酒吧一般聚集在城市的市中心区位，依托周边商业中心、临近外国人集聚区、位于风景优美地段且接近高级住宅区；酒吧消费者以年轻人、中产阶层和高学历者为主；作为一个非正式交流场所，酒吧是人们休闲娱乐、寻求身份认同和社会区隔、建构社会资本的场所（柴彦威、翁桂兰、刘志林，2003；唐卉，2005；辜桂英，2008；王平一、施超，2009）。学者们认为，与西方的酒吧作为一种非常普遍的且与蓝领文化紧密相连的公共消费场所不同，中国的酒吧很大程度上是中产阶层的时尚休闲消费场所（罗莉芳、汪宏桥，2005；辜桂英，2008）。

研究的延展

我认为，国外学者基于后现代女性主义视角的关于酒吧中的年轻女性的研究仍然有陷于"结构－能动""压迫－受压迫"的二元对立的倾向，在很大程度上仍持有将女性归为

"受害者"的立场。这是当代许多女性主义者和女性所拒绝的。例如，贝莉（Bailey，2012）就认为"后现代女性主义"强化了性别权力关系。事实上，这些研究对于当代女性的权力、自由的阐释和理解的局限性，一方面源于学者们并没有真正厘清当前女性所处的消费文化语境和后现代女性主义理论的复杂与矛盾，另一方面则源自这些研究都没能更深入地探讨去酒吧消费的女性的感受及反思。国外研究在理论和研究内容上的不足正是本书希望能够有所弥补的。不仅如此，这些研究都直接将"性别化"作为酒吧的本质特征，并没有去探讨"性别化"的具体过程，即酒吧如何通过对传统性别观念以及两性之间关系的运作来获利。

国内关于酒吧的研究屈指可数，并且这些研究在宏观、中观、微观层面均存在不足。首先，从宏观层面来看，尽管学者们将酒吧与全球化、消费文化和本土化联系起来，但是全球化和消费文化在他们的研究中只是作为一个虚化的大背景或者说事实存在，而不是研究对象或研究内容本身。消费文化本身就是一个备受争议、蕴含丰富的研究对象，对消费文化的考察能够让我们更深入地理解酒吧，以及在其中的个体的相关实践与反思。其次，从中观层面来看，这些研究没有真正考察酒吧所处的具体的社会环境，包括国际环境、国内政策、城市规划等，也没有考察酒吧行业本身的发展与变迁。这些研究只是单纯将酒吧作为一个休闲消费空间，忽略了酒吧作为一个酒精消费场所的特殊性及与此特殊性相关的符号和意义。交织着享乐、自由、放纵、失控、权力、风险、健康、文化、性等社会事实和社会想象的酒吧显然有相较于其他休闲消费空间的特殊之处，这些特殊性更应该是研究的关注点所在。最后，从微观层面来看，对于消费文化的研究也应该关注特定社会语境下的消费主体的年龄、性别、阶层等对该语境有意义的特征及这些特征之间可能产生的交互性。从社会性别角度出发，这些研究忽略了饮酒实践本身所具有的普遍的性别化特征。具体而言，尽管越来越多的年轻女性开始进入酒吧，公众亦对女性去酒吧所引发的社会问题多有关注，但人们对这些泡吧年轻女性的经历、感受和看法却知之甚少。我们应该进一步关注与年轻女性个体相关的休闲、享乐、解放、风险、问题等更有张力的议题，这些也正是本书希望探讨的。

国外相对丰硕的研究成果和国内相关领域的研究空白令我感到十分兴奋，因为尽管同样处于受西方新自由主义影响、向消费社会转型的全球语境中，中国的社会变迁依然有着非常特殊的发展历史。接下来，我将简要介绍当前中国的社会语境及相关的性别、阶层等社会结构的变迁与发展。

第三节　世界历史背景与本土社会语境

在由西方新自由主义政治经济实践主导全球社会经济发展的进程中，中国通过改革开放在继续信守社会主义未来的基础上，开始全面融入世界体系。正是在这个意义上，中国被认为已经进入社会转型期。从集体主义向个体主义、生产支配到消费支配的转向，使得消费文化成为社会中的主导力量。集体化时代以政治身份为根据的社会分层标准被打破，同时人们也开始批判和反思改革开放前"男女都一样"的无性文化。在政治、经济、文化都发生剧烈变迁的社会转型过程中，人们对阶层关系、性别关系的实践、体验和感受都发生了变化。

个体主义和消费文化的崛起

大卫·哈维认为，1978 年到 1980 年也许是世界社会经济发展史上的革命性转折点。

美国、英国相继通过限制劳工力量，为工业、农业和能源开采业松绑和解放金融力量等一系列特殊政策，推动了经济复苏。以上这些通常被称为"全球化"的新的经济结构被哈维命名为"新自由主义"。哈维总结道，"新自由主义是一种政治经济实践的理论，即认为通过在一个制度框架内——此制度框架的特点是稳固的个人财产权、自由市场、自由贸易——释放个体、企业的自由和技能，能够最大程度地促进人的幸福"（哈维，2010）。然而，问题在于，新自由主义可能是一种不稳定且矛盾的政治经济实践，因为个体的成败被认为取决于个体，而无关任何结构性因素（哈维，2010）。这样一来，在新自由主义化的复杂历史中就存在这样一种普遍的趋势：自由、解放、选择、权利等说辞被用来掩饰严峻的现实——不断扩大的社会不平等（哈维，2010）。对个性、自由的强调使新自由主义得以把自由至上主义、身份政治、多元主义、自恋的消费主义从追求社会正义的社会力量中分离出来（哈维，2010；陈硕，2018）。新自由主义需要实际策略的支撑，它强调消费者选择的自由，不仅包括特定物品的选择，还涵盖生活方式、表达方式和各种文化实践的选择。这样一来，新自由主义就需要建构一种以市场为基础的大众文化，以满足日渐分化的消费主义和个人自由至上主义（哈维，2010；龚浩群，2018）。如学者所言，在这个前所未有的个体化时代，由于对社会关系与社会环境中的风险和不确定性的焦虑，个体只能专注于自我的工程（Munford and Waters，2014）。在这个自我的工程中，身体像是一个能够提供关于自我认同的牢固基础，开始被个体视为还能施加影响的最后的原材料（希林，2010）。在此语境下，身体越来越多地生活在贝克所说的处于风险社会的人们的某种规划之中（贝克，2004），开始成为消费欲望的主要载体（特纳，2000）。换言之，在消费文化中，身体日益成为符号价值的载体，大众越来越关注身体作为自我认同的构成要素，人们与其身体之间的关联方式越来越有反思性（希林，2010）。

如贝尔（2007）所说，在人们失去由现代社会工业体系所提供的诸如职业、社区阶层、核心家庭的身份的传统结构性资源的时候，社会变得碎片化，身份的集体性资源消失了，取而代之的是市场中形成的身份，尤其是在消费过程的符号交流中形成的身份。在消费社会中，市场的诱惑力是维持社会秩序的机制，消费者需要追随市场的诱惑，不断满足自身被勾起的欲望，这个消费的过程正是消费者建构自己身份的过程，是管理自己、维护个人尊严的过程（鲍曼，2002）。在这种情况下，消费文化逐渐取代正式的社会化结构（如教育和家庭）成为有关身份的"真理体制"（regime of truth）（McRobbie，2008）。随着市场的扩张、政府管制的放松以及身体在消费文化中的意义转变（特纳，2000；希林，2010），那些曾经被政府所管辖的道德领域开始对市场开放，道德边界也不再绝对清晰（Skeggs，2005）。这样一来，消费就成了一个可能导致无法预判的意识形态结果的过程，它将种族、性别、阶层汇编到商品中，使我们将不平等和屈从关系的观点正常化并深陷其中（转引自 Ar-thurs，2003）。不仅如此，布迪厄和华康德认为，在消费社会中，统治力量通过更加隐蔽的机制，在一种貌似理所当然的表象中合法化了统治秩序；社会行动者不仅不将那些施加在他们身上的暴力理解为一种暴力，反而肯定了这种暴力（布迪厄、华康德，1998；郑震，2017）。正是在这样的误识中，消费者再生产了其所处社会空间的客观关系结构（Bourdieu，1984）。

新自由主义与后现代主义文化兼容并存，后者逐渐羽翼丰满，成为文化和思想的主导（哈维，2010）。这种经济、社会和文化变革被认为是从工业社会向消费社会的转变（Measham and Brain，2005）。

尽管中国已经卷入了向消费社会转变的历史洪流，但从未放弃中国特色社会主义的信念和意识形态。因此，对于改革开放后的中国而言，将其视为一个处于社会转型期的社会有助于我们捕捉更具体的历史语境的特征，这对于我们理解个体主义和消费文化在中国本土的发展及所带来的后续的变革和影响至关重要（苑洁，2007；德里克，2009）。需要说明的是，社会转型并不是由统一力量形塑的简单的现代化过程，而是极为复杂的社会变迁；对于处于转型期的国家和地区而言，由于其不同的文化历史传统和经济发展水平，它们在转型过程中所面临的困境也截然不同（苑洁，2007）。

从集体主义向个体主义、生产支配到消费支配的转向

如果说文化是确保整个制度具有凝聚力的最重要因素，那么资本主义是建立在个人主义文化的基础之上的，社会主义则是建立在集体主义文化的基础之上的（卡鲁尼，2011）。改革开放之后，中国社会开始从计划经济向市场经济体制转型，社会发展的逻辑从追求革命转向追求现代化的富国强民之路（佟新，2005），经济发展成为重要目标，基于个体主义的市场经济原则也变得越来越重要（卡鲁尼，2011）。总而言之，学者认为，虽然源于欧美的新自由主义受到不少来自政治、社会乃至学术界的抵制，但它对全球化的贡献和参与却在事实上合法化了新自由主义的相关政策（德里克，2009）。随着改革开放的推进，一方面，中国已经在政治、经济和文化上全面参与世界发展体系，成为全球化的主要动力和倡导者之一，也是"全球工厂"的战略中心；另一方面，中国仍"继续信守着社会主义的未来"（德里克，2009）。

　　国民和文化产品的流动，以及新的信息技术所提供的交往机会，显著提高了人民的生活水平，正在壮大的城市中间阶层的文化消费也在日益增加（德里克，2009），他们被认为已经接受了消费主义和个体主义（拉特兰，2010）。随着改革开放进程的推进，消费主义、个体主义在大众文化中的地位不断提高，它们通过媒体和广告的示范作用正在极大地影响人们的日常生活和价值观念（戴锦华，2003）。改革开放以来，市场经济的纵深发展推动了消费分化和个性化消费的出现、私密空间的产生、生活必需品向耐用消费品消费的转化、整个社会消费行为与消费观念的转变，乃至消费社会的来临。正是在政治、经济、文化都发生剧烈变迁的社会转型过程中，人们对阶层关系和性别关系的实践、体验和感受都发生了变化。

转型期性别与阶层的重构与交织

　　改革开放以来，市场经济的发展和消费文化的变迁所引发的新的阶层分化和传统性别话语的回归重新建构了人们关于现代生活方式和身份认同的想象。在下文中，我将对转型期性别与阶层的重构与交织展开详述。

1. 转型期的性别话语

1949 年新中国成立到 1976 年"文化大革命"结束，是中国女性整体性地被解放、被塑造的社会性解放时期（李小江，2000）。吴小英（2009）将这一时期性别关系的特点概括为一性化，准确地说是男性化，亦即女性问题被纳入阶级革命和公共劳动的框架，以形成"人民"这一共同体。董丽敏（2016）认为，"文化大革命"结束后，以"女性主体意识"为基础和寻求"性别公正"为目的建立、发展起来的女性/性别学说，事实上是为了缓解在社会转型期，单一的集体制被打破、阶层分化产生、个人原子化现象出现所带来的身份认同焦虑，希望借由诸如"性别"等差异政治资源来填补"阶级"退场后留下的共同体空缺，进而重构社会族群，尤其是满足中产阶层女性作为文化上被压抑的群体的诉求。

否定男女平等的思潮在"文化大革命"结束后就出现了，当时它夹杂在对改革前以男性为标准的男女平等政策的批判中（王政，2001）。人们希望可以摆脱节俭克己的生活方式和政治斗争，重回世俗的生活，在此语境下，传统的性别话语重新活跃起来，"回归女性"也就成了改革开放后社会的呼声（杜芳琴，2001；吴小英，2009）。白露（Tani Barlow）认为这种对传统性别文化的回归是对改革前无性文化的一种修正，是对性别的政治化之于人性的压制的一种反抗（转引自吴小英，2009）。在王政看来，"回归女性"和"男女有别"的思潮之所以能够得到广泛支持和认可，就是因为它对改革开放前的无性文化构成挑战；但是王政也提出了批判，认为对男女之间的所谓自然差异的过分强调有本质主义之嫌，它带动了传统性别文化的复苏和身体政治的盛行（王政，1997）。在这种情况下，大量的传统性别符号被调动起来，泛化为市场资源，与其一向关系暧昧的身体在这个强调世俗幸福和感官享受的年代也一跃成为万众瞩目的核心，市场话语与传统性别话语由此结盟（吴小英，2011），生产出了一种消费文化主导的性别文化；这种性别文化强调女性作为身体和性的特殊价值，使女性身体走向商品化、客体化的消费时尚（吴小英，2009），并通过大众传媒和广告时尚产业的迅速传播影响人们的消费嗜好、时尚标准和审美取向（吴小英，2011；2013）。在这些传统的社会性别符号中，女性并不是作为独立的人存在，而是作为两性关系中的第二性而存在的（吴小英，2011）。总而言之，对于"回归女性"的渴望以及本身缺乏对男性中心文化的警觉，使得女性主动投入消费社会创造出来的性别文化中，并丧失了有效抵抗的可能性（吴小英，2011；戴锦华，2003）。

有关男性气质的主流话语也发展出新的特点：首先，性和欲望的显性化（肖索未，2013）。诚如罗丽莎（Lisa Rofel）所言，当展现和满足被压抑的个体欲望变成推进现代化的内在驱动力，性和情欲作为人性中最本质的一部分就获得了话语上的合法性；而男性的性欲、情欲又因与传统的性别文化相契合，得到了社会主流的认可与支持（罗丽莎，2006；Zhang，2007）。其次，财富重新得到追捧。在消费社会中，理想的男性类型通常指那些拥有雄厚财力的个体形象（雷金庆，2012），因而获取经济资本的能力就成了男性气质中的重要内容（徐安琪，2000；Farrer，2002；Osburg，2013）。不仅如此，由于"男主外女主内"等传统家庭角色规范的复苏，男性气质与男性在家庭中所扮演的角色和所处的地位重新产生关联，强调男性负担家计的角色和一家之主的权威（Yang，2010；肖索未，2013）。

如学者所言，两性对男女平等的批判的出发点和角度有所不同。对许多女性来说，所谓的"男女都一样"让她们精疲力竭，因为她们在担负女性在家庭中的传统角色的同时，被敦促与男性一道承担相同的社会责任，而改革开放使她们得以从中解脱出来。对于男性来说，对"男女平等"的批判则源于他们对这种一性化政策所带来的社会性别关系的变化的不安和反感（王政，2001；杜芳琴、王向贤，2003）。女性广泛的社会参与和"男女都一样"的性别实践削弱了家庭内男性家长在历史进程中享有的种种权力（王政，2001；杜芳琴、王向贤，2003），而这些权力恰恰是传统性别文化中男性气质的内涵。一性化的"男女平等"对传统性别规范的颠覆和挑战被男性视为对自身作为男性存在的威胁（王政，2001；杜芳琴、王向贤，2003）。就是在这样的背景下，许多男性加入对新中国成立后至"文革"时期"男女平等"的批判中。让"妇女回家"的呼声从 20 世纪 80 年代初期至今不绝于耳，我们不能只是把这种呼声理解为国家解决劳动力过剩的权宜之计，因为它事实上也是当代中国男性重构社会性别秩序的诉求和运作（杜芳琴、王向贤，2003）。未曾经过女性主义大潮的冲击，不够了解社会性别概念，中国女性缺乏主体意识自醒的历程与自主自立的觉悟和勇气，对男女平等的批判始终缺乏对男性中心文化主流话语的警觉和剖析（李小江，1989）。董丽敏（2016）认为，自 80 年代以来，"女性主义"在中国的发展历程值得我们反思："女性主义"话语在学院内的兴起，虽然历经"女性主体""女性意识""社会性别"等关键术语的演变，但其核心内涵总是指向西方新自由主义所需要的原子化"个人"的建构。

改革开放后，基于个体主义原则的有关素质和能力的话语成为主流，事实上，这种国家倡导的所谓"素质"其实也就是一种典型的市场话语。根据"素质"话语的内涵，"素质"是可以通过后天教育和努力获得的，因此，女性的发展不是一个社会结构和制度不平等的问题，而是一个改造女性自身适应主流社会的竞争问题。问题在于，有关素质的定义与评判标准，基本是由男性中心文化主导的市场需求决定的，因此市场本身并没有提供真正公平的两性竞争平台（吴小英，2009）。在这种情况下，女性在新兴的劳动力市场中变得越发脆弱（闵冬潮、刘薇薇，2010），加上缺乏对男性中心文化主流话语的警觉和剖析，女性与低素质、低效率之间被画上了等号（吴小英，2009）。总而言之，虽然女性在改革开放后获得了一些自主的空间，但当传统不平等的性别制度与计划经济体制的削弱交织在一起时，向市场经济的过渡产生了对女性的新的冲击和压迫（杜芳琴，2001），一方面，随着改革开放的推进，计划经济体制逐渐被市场经济体制替代，女性原来享有的平等待遇、劳保待遇、平等就业、公平分配全部受到了挑战（杜芳琴，2001；闵冬潮、刘薇薇，2010）；另一方面，随着传统性别文化的复苏，女性会遭遇公开、赤裸的歧视和不公（林春，2003）。

市场话语中的效率原则、个体主义叙述和国家"素质"话语之间的匹配进一步强化了女性的弱势地位和从属身份，掩盖了内在于制度和结构中的性别不平等，使得女性遭遇公开的歧视并落入边缘化（杰华，2006；林春，2003）。随着城市改革的推进和就业压力的增大，男性在利益调整过程中的优势地位越来越突出，而女性越来越多地被逐出正规就业市场，被迫走向非正规就业或者失业，成为劳动力市场的边缘人，进而在整个工业化、城市化进程中被逐渐边缘化，男女两性之间的分化呈现日益严重的趋势（金一虹，2006；吴小英，2009）。无论在教育、就业还是社会生活的其他领域都滋生了程度不一的女性受剥夺、歧视和侵害等问题，诸如女童辍学、色情行业重新抬头、拐卖妇女、"包二奶"等女性问题以迅猛的形式爆发出来（闵冬潮、刘薇薇，2010）。正是在这个面临问题和寻找解决办法的过程中，女性开始了主体意识的觉醒，对性别差异的强调为女性经验和主体意识的建立提供了合法性（李小江，2006）。

在强调集体主义的社会主义时期，国家干预的"男女平等"等同于"男女都一样"，因此，这种男女平等仍然是以男性为中心的。而在社会转型期，主流话语对具有独立自主意识的女性主体的强调在某种程度上是为了弥补"阶级"退场后的共同体空缺，"性别"范畴是作为重构社会族群的差异政治资源而出现的（董丽敏，2016）。因此，值得追问的是，强调自然性别差异、独立自主的性别意识在何种程度上实现了男女平等，人们在何种程度上真正拥有性别平等意识呢？并且，在单一的集体制被打破、"阶级"退场后的社会转型期，人们是如何重新辨认、体验和实践新的阶层分化的？这种阶层分化又是如何与作为新的差异性政治资源的"性别"范畴交织在一起的？

2. 阶层与性别的重构、交织

改革开放以来，中国向自由化的特色市场经济发展道路迈出了重要步伐。经过40多年的发展，中国已成为世界第二大经济体，对全球经济的影响日益加强。市场经济所带来的经济发展导致社会结构发生了巨大变迁，经济资源取代集体化时代的政治身份，重新成为社会分层的重要标准；商人、企业家作为"新富"阶层崛起，而曾经作为"社会主义主人翁"的工人群体开始成为现代性想象的"局外人"（罗丽莎，2006；肖索未，2016）。消费文化也逐渐建构着人们关于现代生活方式和社会身份的想象（肖索未，2016）。

学者指出，阶层是一种"活出来的经验"（lived experi-ence），即阶层边界的生产、协商、调整是发生在社会实践和互动中的（蓝佩嘉，2011；Bettie，2000；West and Fenster-maker，1995）。在市场改革中崛起的经济精英，将自己定位为全球资本主义空间中老练的消费者（Pun，2003），通过购买奢侈品、出国旅游、投身昂贵的休闲娱乐等消费行为，建构高档、有品位的生活方式，以此作为其身份和地位的象征（Wang，2005）。消费也给那些在新的阶层分化中对自身在社会中的位置欠缺认识和归属感的群体（如农民工），提供了一种适应城市生活、获取现代身份的体验方式（Hanser，2005；肖索未，2016），然而，如布迪厄（2015）所说，正是这种试图通过消费来模仿他者群体的区隔感（distinction），暴露了模仿者真实的社会存在，生产出其"低阶层"性。更重要的是，日常生活中阶层的表达与协商，往往受其他宏观的结构性力量的形塑，例如性别、种族和资本等（Barber，2008；Bettie，2000）。

很多学者对转型期中国公共领域中阶层与性别不平等的重构与交织进行了探讨。Hanser（2005）对中国城市服务业的分析中指出，由于市场经济的发展和本质化的性别话语的回归，从"铁饭碗"向"青春饭"的转型给年轻、女性化、城市的女性身体注入了价值，年长和来自农村的女性则遭到了相对的"贬值"。在中国最新潮、最昂贵的市场上，好的服务者被认为应该具有特定的女性气质，这种性别化的表演有效地彰显了新富消费者的社会地位。不仅如此，由于这种性别化表演符合主流的本质化的性别话语而被自然化了，这种性别化表演掩盖下的阶层差异也被忽视了。何明洁（2009）对在酒楼中从事后台工作的"大姐"和前台工作的"小妹"的研究表明，本质化的性别话语不仅制造出女性整体的主体性分裂，同时掩盖了城乡、阶层差异。总而言之，市场经济原则和本质化的性别话语被奉为圭臬，深受阶层影响的性别化表征被认为是得体的中国女性的自然表达，由此掩盖、合法化了中国城市中的差异性。另有学者对市场转型中性别、市场、权力之间的交织对男性气质的影响进行研究，张跃红（Zhang，2001）指出，企业主尝试在"毫无男子气概"和"过度大男子主义"之间重构一种新的男性气质。

部分学者通过对私人领域中的研究指出了市场转型期所形成的新的权力结构。严海蓉（2010）认为，20 世纪 80 年代，社会有关"知识分子负担"的讨论恰恰体现了脑力劳动和家务劳动之间的冲突，家务劳动被视作知识分子阶层的特有负担；雇用家政工人看似能够解决传统家务劳动中的性别不平等问题，但事实上，它是以阶层来掩盖性别问题，因为雇佣性别替身来替自己从事家务劳动的知识分子女性或者说职业阶层女性显然仍局限在传统的性别规范之中。为了最大限度地提升家政工人的情感劳动付出和劳动积极性，"素质"概念不仅是影响个体的社会实践及反思的话语，亦是一个阶层在日常社会生活中对另一个阶层的言说和支配（严海蓉，2010）。蓝佩嘉（2011）对中国台湾地区的外来家务移工的研究指出，在全球化语境下，对于在阶层或族群上占据优势的女性而言，经济的全球化和劳动力的全球流动使她们能够通过市场外包途径，采购其他女性的劳务来替代自己承担家务和育儿重担，以免与丈夫在家庭中发生有关性别平等的家事战争。然而，在这些具有阶层或族群优势的女性通过购买其他女性的劳务来减轻自己负担的同时，有一群孩子失去了母亲的陪伴，很多家庭失去了妻子的照料。对于移工而言，尽管她们跨越了地理疆界，却往往跨不过国族和阶层的无形藩篱。蓝佩嘉总结说，在这些性别、阶级、族群/国籍之间的划界下，沿着性别、阶层、种族界限而来的社会不平等在日常生活的微观政治中反而被巩固了。

一些学者在对中国当前主导的"梯度婚姻市场"的分析中（Wu and Dong，2019），不仅呈现了中国在社会转型期中形成的新的性别、阶层权力结构，还指出了隐藏其中的两股女性主义潜在力量。"梯度婚姻市场"是一个由市场逻辑支配的异性恋制度，这种逻辑强调女性对男性的经济依赖和男性对她们的性客体化。女性对"梯度婚姻市场"的不同回应由于都包含了挑战这种霸权秩序的越轨行为而被归结为两股女性主义力量。第一股女性主义力量被称为"企业家式的女性主义"，它鼓励女性放弃诸如顺从和自我牺牲等传统的妻子职责，通过对性吸引力的掌控在"梯度婚姻"中为个人获得经济安全。问题在于，这种意在提高女性经济地位的女性主义不仅让女性重新隶属于男性，还加剧了阶级不满，同时侵蚀了亲密关系。另一股女性主义力量是"非合作式的女性主义"，它强调女性经济的独立自主，企图将女性从婚姻市场中解放出来，挑战异性恋婚姻规范，重新定义"单身"和"单亲妈妈"。然而，由于这种非合作式的女性主义声音强化了精英体制和女性在阶层等级中的地位，招致了处于弱势阶层的男性的怨恨。两股女性主义力量都激发了与阶层不满相关的强烈情绪，非合作式的女性主义也总是被忽视或误认为是企业家式的女性主义，即非合作式的女性主义实践只是那些认为自己阶层比普通人阶层高，但是不够好看、无法吸引富二代和外国人的女性引起关注的途径。在此情况下，批判家们瞄准和放大了企业家式的女性主义，认为这种话语和实践是在鼓励女性放弃传统的女性贞操，从而肆无忌惮地运用性欲获得阶级特权，即认为女性的"性解放"只是让女性成了男性精英用来增强其男子气概的性资源。

基于对中国社会转型期政治、经济、文化领域所发生的变迁的了解，以及学者们关于转型期中国性别、阶层等多重权力结构的交织、重构的研究，我进一步明确了分析性问题和研究层次。与宏观层面上学界一直以来对中国的城镇化、社会流动性、性别关系变迁以及中产阶层崛起的规模的关注和争论相对应地，我希望能够从微观层面的日常生活去探讨城市青年如何在文化消费领域创造新的主体性，以及进行与之相应的实践。因为正如学者所说，不要过度强调消费在身份形成过程中的作用，消费是探讨社会实践的一个语境，这种对实践的转向与日常和生活世界相关（Reckwitz，2002；Shankar，Elliott and Fichett，2009）。也正如鲍德里亚所说，消费社会的重要意义就在于"消费的地方就在日常生活之中"（转引自高宣扬，2005）。因此，消费应该是研究中国社会转型期的一个核心范畴，而对消费的研究和探讨应该将其放在日常生活中。值得注意的是，消费者实践的本质形式在不同的集体文化和制度安排中是不同的，其有着特定的时空特征和社会行动特征（Warde，2005）。基于此，我认为，作为一个生长于特殊历史土壤、立身于当前社会转型期的文化消费领域，酒吧中的年轻女性之间、女性与男性之间直接或间接的互动、矛盾与竞争是我们窥探当前语境下中国的性别关系、身份认同、阶层重构和思想变迁等最新变化趋势的绝佳窗口。

国内外消费社会学领域的研究现状与成果

伴随着从工业社会向消费社会的转型，商品物资的极大发展和丰富使得生产领域开始倾向受消费者偏好的主导（郑震，2017）。学者们逐渐不满足于将消费及其意识形态仅仅视为社会研究的边缘领域，而是开始将其视作一个非常重要的核心范畴（Kilminster and Varcoe，1992；营立成，2016）。许多优秀的社会理论学者开始试图勾勒一个以消费而非生产为支配逻辑的社会图景，以往盘踞主导位置的生产支配逻辑逐渐为消费支配逻辑所取代（营立成，2016；郑震，2017）。接下来，我将简要介绍国内外消费社会学领域的研究现状与成果。

就广泛的消费领域研究而言，大量国外学者通过质性和定量研究方法针对涵盖甚广的消费进行了细致入微的经验研究，并在理论方面作出了卓越贡献。消费社会学的理论大师们认为，消费文化是理解当代社会的一个关键范畴，是一种协调市场规则和权力不平等的社会机制（Marsden，1999），在社会身份的建构和制度文化的建设等方面都发挥着至关重要的作用（莫少群，2006；营立成，2016）。列斐伏尔提出，相较于以生产为统治基础的旧资本主义，新资本主义的运作重点在于消费领域（Lefebvre，1984）。作为列斐伏尔的学生，鲍德里亚也开始以消费为逻辑来建构其社会理论（鲍德里亚，2014）。对鲍德里亚而言，消费社会的现实正是由消费的符号所编码的超级现实，它不再遵循再现的逻辑，没有任何参照。换言之，生产秩序不再提供有助于个体建构其身份认同的符号资源，消费秩序现在是统治所有的符码系统（鲍德里亚，2006；郑震，2017）。总而言之，消费文化成为社会运转的主导力量，它终结了生产的支配地位，消费不再是相对于生产的从属领域；不过，在此过程中，作为消费者的大众仍然没有获得自主的支配地位（郑震，2017）。

无意识概念也许能够最恰当地反映上述所提及的消费者的被动状态，列斐伏尔试图通过"无意识"来呈现消费者在进行消费活动时那种无法认识到自身行为的非理性的状态，认为种种消费活动都只是对社会权力运作的盲从（郑震，2017）。列斐伏尔（2008）提出，消费被掌控的社会是一个高度异化的社会，个体对此一无所知，甚至将现代社会的恐怖和压迫转化成一种自发地强加在自己身上的暴力。鲍德里亚进一步推进了列斐伏尔的批判，认为消费的个体只不过是符号统治的无意识载体；也就是在这个意义上，消费的维度不是完全无知的维度，而是误识的维度（鲍德里亚，2006）。布迪厄并不认可鲍德里亚对消费者能动性的完全否决，他对"无意识"和"误识"这一对重要概念进行了推进。他指出，在消费社会中，统治力量通过更加隐蔽的机制，在一种貌似理所当然的表象中合法化了统治秩序；而社会行动者不仅不将那些施加在他们身上的暴力理解为一种暴力，反而肯定了这种暴力，布迪厄将这种情况描述为误识（布迪厄、华康德，1998；郑震：2017）。对布迪厄（Bourdieu，1984）来说，社会结构的再生产正是通过消费者误识的消费实现的，尽管他们尝试经由消费来模仿他者，但是那种由无意识所建构的区隔（distinction）感已经标识出他们在社会中的真实位置（郑震，2017）。如果鲍德里亚关于消费社会的研究可以被理解为对符号的研究，即消费社会是一个符号统治的社会，那么布迪厄所提出的差异和区隔的概念就非常值得我们关注（郑震，2017）。就根本而言，消费系统是建立在有差异的符号系统之上的，消费由此产生了区隔和地位的分层（Baudrillard，1998）。这样看来，列斐伏尔的无意识概念散发着十足的政治气息，他认为社会统治是虚伪和残酷的，因为它使消费者身处消极境遇（郑震，2017）。鲍曼修正了列斐伏尔对消费者能动性的贬低，认为消费社会中的人具有自己的能动性，虽然的确会受到来自消费社会的支配和诱惑，但他们也会进行选择和权衡；总而言之，在流动现代性的全球语境之下，消费者的再生产过程交织着行动者的自我调节和消费社会的诱惑（鲍曼，2012，2021；营立成，2016）。

随着中国国家经济的发展，如今城市的经济发展模式已经发生转型，开始依赖于消费。然而，国内关于消费的理论探讨仍停留在译介外国理论层面，关于消费的经验研究则更注重宏观的、量化的研究，例如，有不少学者关注对消费产生影响的结构性因素，如人口结构、城乡结构的变化、社会保障支出等（王金营、付秀彬，2006；李春琦、张杰平，2009；于潇、孙猛，2012；毛中根、孙武福、洪涛，2013）；还有学者关注特定消费群体的消费特征和动机，如网上消费者（伍丽君，2001）、大学生群体（张志祥，2002），以及农民工（金晓彤、崔宏静，2013）等；另有学者关注宏观层面的消费观念的变迁（刘程、黄春桥，2008；吴翠萍，2008）。21世纪以来，关注消费的质性研究越来越多，这些研究主要从身体社会学、文化社会学、女性主义等理论视角对消费社会中的身体、身份认同、性别、空间进行探讨。周宪（2004）从炫耀性消费、景观社会、符号交换、日常生活的"审美化"等社会学理论视角出发分析了视觉文化在当代社会凸显的多重原因；张敏、熊帼（2013）和包亚明（2006）则对消费空间如何成为意义（再）生产和认同建构的关键空间进行了分析；陶东风（2007）从身份社会学的角度探讨了身体如何在消费社会中越来越成为人们身份认同的核心，提出消费社会的文化就是身体文化；章立明（2001）、孙玉霞（2008）、白蔚（2010）则进一步从女性主义角度对这种身体文化进行了批判，认为女性身体是消费文化的"奴仆"，女性的身体化、物化、商品化是消费社会与父权制文化相结合的必然产物；还有学者关注消费社会中两性关系、性别气质的存续、发展与变迁，刘娟、刘于思（2012）认为时尚杂志对女性形象的建构并没有偏离传统性别规范；李荣誉、刘子曦（2018）认为，由于消费社会对身体的商品化，健身所塑造的男性气质是一种多维度的性别关系和性别角色的集合体。

总的来说，国内目前对消费的研究往往将消费文化作为既定的社会背景，而非研究对象或研究内容，也缺乏对本土语境的考量。并且，随着国家经济的发展，城市的经济发展模式已然发生变革，开始以消费为主导，特别是文化消费。尤其是在大中城市，各类文化产业已发展成为经济得以运转的基础产业。然而，国内学界目前对于文化消费的关注尤为不足，相关研究亦更偏重对文化消费的定量描述，而轻视对文化消费的质性研究。例如，在文化消费的多元和差异、文化消费品味的形成与发展等方面，都欠缺深入的研究探讨，亦忽略了教育、旅游、休闲等文化消费的重要领域（张敦福、崔海燕，2017）。

社会转型期带来了广泛、深刻的社会变迁，如何把握当前语境下的形塑力量和实践要素，寻找合适的研究切入点，是对相关领域学者的时代之问。

第四节　问题的提出

全球经济的自由化趋势推动了消费文化的纵深发展，现代年轻人都有着关于酒的种类、喝酒的地点与时间的多元选择，这些都源于酒产业自身的发展及相关经济管制的放松和越来越进步的、目标明确的市场营销策略。在此背景下，夜间经济得以发展，而饮酒则是夜间经济中最关键的因素和最实质性的内容（Hobbs et al.，2000），它让年轻人冒险、享乐和放纵（Winlow and Hall，2006）。这种饮酒产业及相关文化的转变被认为是发生在更深刻的经济、社会和文化变革的背景之下的，即从工业社会向消费社会的转变。在消费社会中，人们失去了身份的集体性资源，取而代之的是市场中形成的身份，尤其是在消费过程的符号交流中所形成的身份。在这样的语境下，年轻人被鼓励喝酒以尽情享乐，喝酒已经不再是少数群体的事情，而是去寻求休闲享乐和身份标识的消费者的事情，饮酒、消费、享乐、认同被联系到了一起。在此背景下，为迎合年轻消费者的休闲享乐和身份认同需求而兴起的酒吧又大大推动了城市夜间经济的发展（Measham and Brain，2005；Mackiewicz，2015）。对于身处该语境的年轻女性而言，参与饮酒的消费主义文化是基于机会和选择的。

中国的城镇化、社会流动性、性别关系变迁，以及中产阶层崛起的规模一直是学界关注和争论的焦点，在这些进程中，城市青年正在成为压缩的现代生活的实验对象，在处于转型期的新型社会中创造着新的主体性与实践。作为一个身处社会转型期的城市夜生活场所，酒吧既深受西方新自由主义经济实践和消费文化的影响，也有自身的本土性特征。基于全球化的语境，我将酒吧视为一个既能够体现后现代的消费文化特征，又存在于特定的中国语境下的充满对立、矛盾和竞争特征的场域，而将进入该场域的年轻女性视为属于夜间经济时代的消费主义者和享乐主义者，同时又身处特定的性别文化历史发展中的个体。国家、市场、性别文化和个人文化实践在酒吧这一场域中相互作用。

在了解国内外酒吧的发展情况与相关研究，并厘清了中国市场转型期政治、经济、文化领域所发生的剧烈变迁以及与之相随的性别、阶层等多重权力结构的交织、重构的基础上，我进一步明确了自己的研究问题。基于符号互动论的框架，以消费文化日渐兴起的社会转型期为背景，我尝试在最直观的文化消费领域，从年轻女性进入酒吧的想象、体验、行动和解释出发进行分析。

第一，相较于国外，中国酒吧经历了怎样的发展与变迁，它所衍生出的酒吧文化有怎样的特征？

第二，去酒吧的女性群体如何理解泡吧在她们生活中的角色，并赋予泡吧什么样的社会意义？她们如何对这种"性别化"的酒吧文化进行协商？

第三，酒吧是如何成为一个实践和反思有关性/别的地理空间和话语空间的？这些年轻女性拥有怎样的性别意识，建构了怎样多元的社会性别身份，又如何感知和参与建构阶层？

在本书中，酒吧是一个广义的概念，它更像是国外文献中所提到的夜间经济（night economy）这样一个概念，包括酒吧（bar）、俱乐部（club）等。广义的酒吧涉及清吧、闹吧和夜店等，由于不同酒吧中的性别化程度存在差异，书中提及的酒吧更多指的是性别化程度较高的闹吧和夜店。对夏市酒吧概况的呈现也是本书的重要内容。

"阈限空间"和"协商"这两个概念为本书提供了具体的分析框架。"阈限空间"是一个既拥有基于特定时空的实在面向，又指涉不同文化交织的抽象面向的概念。1909年，范热内普（2010）用"阈限"一词来描述除旧迎新或人生阶段转折等仪式的特征，强调处于两个阶段之间的状态。20世纪60年代后期，特纳发展了范热内普的阈限概念，提出阈限是介于社会既定范畴之间的一种状态，或者被搁置甚至被困在两套不同的角色期望之间的状态，认为个人的身份在阈限状态下的模糊性隐含了一种抵制结构的可能性、开放性、非决定性和暂时性。根据特纳对于阈限概念在现代生活中的应用来看，阈限空间具有特定的时空性，人们在其中体验着有别于日常的规训秩序和内容，由此引发关于正常结构性状态的反思，进而对新的可能性进行探索（特纳，2006；Endsjø，2000）。阈限空间这个概念可以让我们对结构中的缝隙、处于这个缝隙中的行动者和他们用以应对结构的不同、矛盾的策略保持敏感，强调身份的生成（becoming）而非存在（being）（Neumann，2012）。通过引入"阈限空间"概念，本书旨在探讨年轻女性在酒吧中的体验和感受，剖析她们在消费文化和传统的性别文化规范交织下产生的"阈限空间"中的实践与反思，进而窥探其背后的性别与阶层内涵。阈限空间这个概念对实践、反思的关注可以让我们超越"能动－结构"的二元对立，看到更复杂的性别权力动态关系，既不把女性当成"傀儡"，也不把女性看作是完全自由的。正是在这个意义上，"协商"成为本书的核心概念。在该框架中，"抵抗"是关于权力位置之间的关系（Pile，1997；Rose，2002），自由则是一种为了自己的目的而采取/影响（或拒绝采取/影响）行动的可能性，它是"程度问题而非绝对权利"，一种"获得而非授予"的东西（Grosz，2011）。事实上，这种"空间－性别"的分析框架和权力观点回应的正是西方后现代女性主义的发展、困境和政治可能性。

对于我而言，去酒吧是一种十分"另类"的休闲消费方式，主要原因有二：其一，从材料来看，大多数女性不需要"消费"就能享受酒吧所能提供的休闲服务，这指向了酒吧的高度性别化特征，该特征正是本书的起点，亦是焦点；其二，酒吧中的休闲消费的另类之处还在于它建构了一个基于特定时空的、有别于日常生活的世界，它不仅是年轻女性需要在其中对传统性别文化和新消费文化的交织所产生的开放性和可能性所带来的享乐和风险进行协商的实践空间，还构成了由该空间的暂时性和非决定性所引发的，对更深层次的欲望和尊严进行协商的话语空间和伦理时刻。需要进一步说明的是，我希望让女性访谈者关于"年轻"的看法渗透到本研究中来，因而采用"社会生成"的方式来界定"年轻女性"，年龄的性别化特征（何明洁，2009）也是后文将重点探讨的内容。

在经验层面上，本书不仅弥补了国外研究未能对酒吧的"性别化"过程进行探讨的不足，也弥补了对国内饮酒、休闲、消费与性别相关领域经验研究的不足。在理论层面上，书中梳理了西方后现代女性主义理论的矛盾与复杂，同时从经验层面回应了该理论。不仅如此，本书还推进了关于市场转型期中国的性别与阶层的变迁及其交互性的探讨。在未来研究方面，我认为更具体的关于男性在酒吧的实践、感受和看法的分析也十分具有学术意义。整合对酒吧中的男性的研究可以提供一个更全面、深入地理解社会转型期性别关系、阶层认同和思想观点等的发展与变迁的图景。另外，我发现当代青年有着更开放、多元的性爱观念和实践，相关方面的研究探讨亦当十分有趣、有意义。

第二章　重访马克思：理论视角
与研究设计

在遭受越来越多的来自女性主义内部的批判和强调个体、差异的西方后现代思潮的挑战之下，传统女性主义经历了自我批判和内部转向，后现代女性主义应运而生。然而，在本身作为一场普遍主义运动的女性主义遭到那些要求指陈差异的女性的攻击时，人们质疑这种后现代女性主义有"去政治化"的倾向。不仅如此，在西方新自由主义的影响下，后现代女性主义被"占用""扭曲"，滋生了一种存在于大众文化中的"后现代女性主义"图景，该图景不仅包含对女性的新的规训，更使传统女性主义失去批判力。唯有厘清后现代女性主义所处的矛盾语境及其所指涉的复杂内涵，重回马克思政治经济学批判路径，结合后现代的多元视角，重构"女性"和"政治"范畴，才能撷取女性主义与后现代思潮交集的硕果，开拓后现代女性主义特有的政治机会。

本质而言，西方新自由主义是一种提倡新的资本主义生产方式的政治经济理论。然而，面对这一新的资本主义生产方式，很多女性主义者将矛头直指政策，把抗争目标限制在个人自由和权利上，而没有对西方新自由主义的所谓"自由"外衣进行揭露和批判。因此，对西方新自由主义的批判，应该重回政治经济学批判路径，挖掘马克思主义在新时代的意义，借此分析男性对女性的压迫、资产阶级对无产阶级的压迫、发达资本主义国家对第三世界的压迫。希门尼斯（Gimenez，2005）宣称，只要资本主义仍然是占据统治地位的生产方式，那么就有必要在资本主义主导下的社会历史语境中了解女性受压迫的根源，将马克思主义作为理解两性关系的基础。也正是在这个意义上，唯物主义女性主义在中国十分具有发展潜力，因为它既承袭了后现代思潮和边缘女性群体对差异的诉求，同时将女性问题留在唯物主义的分析框架内，将其与全球的政治经济结构和中国的社会历史语境关联起来。

女性主义既是一套围绕性别不平等问题进行研究和对话的学术理论，也是一项意图为女性在男性主导文化中争取平等的世界性运动；然而，关于什么是平等，如何实现平等，却一直都存在争议，从来都不存在一个普世的、一致的女性主义议程。女性主义一直是个有活力、充满争议、处于持续转变过程中的运动，解读女性主义的历史，就是去发现争论、分歧和不同的观点、路径的过程。作为后现代女性主义的一支，唯物主义女性主义亦是诞生、发展于这样的复杂与矛盾之中的。

作为女性主义与强调个体、差异的后现代思潮交集的发展结果，西方后现代女性主义遭受严峻的质疑和挑战（默克罗比，2001；Brooks，2002）：本身作为一场普遍主义的、以现代性关于平等的说辞为基础的女性主义应该如何应对那些要求指陈差异的女性的诉求？在抛弃普遍主义和现代性关于平等的说辞之后，女性主义应该如何对"作为一个女性意味着什么"进行解释？一种可以站在女性的立场上说话的后现代女性主义政治又是什么样的？后现代女性主义是否有"去政治化"倾向？不幸的是，在西方新自由主义、大众文化和政府的共谋之下，后现代女性主义的发展困境受到了误读、扭曲，滋生了在某种程度上反女性主义的、存在于大众文化中的"后现代女性主义"图景；女性主义学术发展与其在社会文化世界中的表现之间显然存在巨大的鸿沟（McRobbie，2007a，2007b）。到目前为止，关于"后现代女性主义"的讨论亦多是在大众文化中进行的，大众也主要是在大众文化中邂逅所谓的"后现代女性主义"的，这致使大众甚至学者对后现代女性主义产生困惑和误解，认为其意味着反女性主义（Lotz，2001）。接下来，我将首先从大众文化中的"后现代女性主义"图景切入，梳理学者们提出的用以辨认该图景的特征及相关的批判、对话；其次，本书将回归女性主义学术发展脉络，阐释后现代女性主义的理论起源、核心观点及政治可能性；再次，我将结合中国语境和马克思的政治经济学批判路径，指明唯物主义女性主义对于中国女性主义发展和相关文化研究的理论和经验意义；最后，将阐明唯物主义女性主义对本书的启示。

第一节　西方后现代女性主义的图景与现实困境

20 世纪末期，"后现代女性主义"是英语国家的女性主义分析中最重要，也最有争议的术语之一。其中，媒体批判学者提供了关于"后现代女性主义"的最丰富的探讨。法露迪（Faludi）、普瑞斯（Press）和惠勒汉（Whelehan）等学者把出现在大众文化中的"后现代女性主义"理解为一种针对女性主义所取得的成就的反挫（backlash）；默克罗比（McRob-

bie）和吉尔（Gill）等学者则认为这种"后现代女性主义"不仅仅是对女性主义简单的反挫和对传统性别观念的回归，而是一种更特殊、复杂的情绪（sentiment）。接下来，我将分别介绍学者关于大众文化中的"后现代女性主义"图景的两种主要定义——反挫与情绪，以及他们对此的批判与反思。

反挫：谁与女性为敌？

法露迪、普瑞斯和惠勒汉是将后现代女性主义理解为针对女性主义的反挫的代表人物，亦即后现代女性主义在她们看来就是反女性主义。

法露迪用"后现代女性主义"来形容女性不再关心女性主义的态度以及女性主义的目标和成就所遭受的侵蚀，在此过程中，政治和媒体发挥着关键作用。她指出，20世纪80年代，英美右翼势力占据优势，撒切尔政府和里根政府都有保守倾向，在此情况下，试图"破坏"和"撤回"女性主义运动成果的"后现代女性主义"是对女性主义的反挫；这个反挫很快也进入媒体话语中（Faludi，1992：11－12；Genz and Brabon，2009：54）。据她分析，20世纪末期的美国女性不断被告知生活在这个年代有多么幸运，因为她们争取平等权利的抗争已经基本获胜，她们可以进入任何大学、企业，可以在任何银行申请贷款；女性已经获得了如此多的自由和权利，以至于有人宣称两性平等政策不再具有存在价值。然而，在对女性主义运动胜利的热烈庆祝背后，出现了另一种声音：女性现在是获得了足够的自由和平等，但是她们从没有像现在这样悲惨过。这些声音是由对女性主义充满敌意的媒体所发起的，包括时事报纸《纽约时报》、时尚生活杂志《名利场》，以及政论周刊《国家》等。这些媒体责怪女性主义给女性带来的一系列疾病和问题，包括职业女性的倦怠、不育，单身女性的孤独、抑郁等。女性主义被描述为女性最大的敌人——因为正是女性的自由让女性不快乐，正是女性的解放让女性受困（Faludi，1992）。

"后现代女性主义"对于女性主义的反挫还通常伴随着对传统性别话语的重申。普瑞斯（Press，1991）用"后现代女性主义"来定义她在电视剧中发现的反女性主义精神："后现代女性主义"意味着挑战女性在家庭中传统地位的女性主义思想的退缩，以及女性气质和女性角色的传统概念的复苏。法露迪认为"后现代女性主义"二分化了女性的私人和公共生活、女性和女性主义，它提醒女性必须要在家庭和事业当中二选一，并通过推广婚姻生活和家庭生活是一种完整充实的生活观念来敦促女性做出选择（Faludi，1992）。根茨和布莱奔进一步指出，在"后现代女性主义"图景中，家庭被呈现为女性逃避工作压力的避难所，女性为了健康和家庭而放弃工作被建构为一个非常有远见的选择；家庭不再具有第二次女性主义浪潮的拥护者所认为的"折磨"和"监禁"等含义，它被重塑为女性展示自主权和独立性的空间（Genz and Brabon，2009）。基于此，惠勒汉（Whelehan，2000）认为，我们已经进入一个性别歧视的复古时代（Retrosexism），这个时代的出现源于男性对丧失性别霸权的担忧。

与法露迪、普瑞斯和惠勒汉等学者不同，默克罗比和吉尔等学者认为大众文化中的"后现代女性主义"图景不仅是对女性主义的反挫和对传统的回归，而且还是一种非常特殊、复杂的情绪，可以用来理解当代媒体对女性呈现的方式、女性主义话语的改变，以及相应的文化氛围。

情绪——一种新的规训体制

默克罗比和吉尔等学者用"后现代女性主义"这个术语来指称出现在西方大众文化中的一种以新的反女性主义情绪为特征的状态，认为"后现代女性主义"不只是对女性主义的反挫和对传统的简单回归，其对女性自由的庆祝和传统话语的重申的背后是新的父权制浪潮；社会中的父权制并没有改变，西方新自由主义、大众文化、政府和学术界之间的联合重构了父权制，大众文化中的"后现代女性主义"图景正是这种新的权力表达的体现（McRobbie，2007a，2008；Tasker and Negra，2005；Gill，2007）。接下来，我将对这些学者所总结的"后现代女性主义"图景的主要特征、相关的批判及对话展开论述。

1. 从"客体化"到"主体化"的转变

默克罗比在巴特勒的启发之下，提出"双重纠缠"概念以试图解释"后现代女性主义"。所谓"双重纠缠"，指的是传统观念与西方新自由主义话语的混乱相接——诸如自由、选择和赋权等元素被转化成更个体化的话语，整合到大众文化和政府话语中；第二次女性主义浪潮中备受批判的关于性别、性和亲密关系的传统观念现在也成了年轻女性的"自由选择"。不仅如此，默克罗比等学者指出，女性主义还经常受到媒体的毁谤和攻击：很多广告会采用讽刺、玩笑等方式来呈现被性化的女性形象，这些广告暗示女性主义已经是一个过去式，而自己是对女性主义这种"专横"制度的回击；女性主义被简化为陈词滥调的政治正确，因为它被认为不允许女性享受传统的女性气质的快乐；女性主义者被建构成严酷、具有惩罚性的、不可靠、不真正为女性发声的形象。在此情况下，女性主义在某种程度上被转化成了共识，同时被表达和否定，女性主义政治被瓦解了（McRobbie，2004，2007a，2007b；Tasker and Negra，2005）。

　　吉尔赞同默克罗比的观点，认为正是西方新自由主义话语的包装及其对女性主义元素的收编，使得父权制的表达方式发生了改变，权力现在分散在大众文化中。她指出，在大众文化对女性的性化呈现中，女性不再是被动、沉默、受男性凝视的客体，而是主动的、渴望性的主体——她们自愿选择以客体化自身的方式来展现自己，因为这样做符合她们的自我解放的利益。对吉尔来说，大众文化对女性的性化呈现的转变意味着父权制权力运行方式的转变：对女性的性化呈现实现了从"客体化"到"主体化"的转变，外在的、男性的凝视被内化成内在的、自我的凝视。这代表着一种比"客体化"更深刻的规训，在这种规训体制中，权力不是从上或从外强加给女性的，而是内在地建构着女性的主体性（Gill，2003，2007）。这也正是福柯（2016）意义上的"自我技术的运用"。

　　2. 新的规训体制——"新自由主义治理术"

　　吉尔提醒我们，"后现代女性主义"图景中的自主、选择和自我规训等概念亦是西方新自由主义的核心，它不仅仅是对女性主义的回应，在一定程度上也是因新自由主义思想的渗透而形成的（Gill，2007，2008）。对于"后现代女性主义"图景的批判与反思需要回到其所处的社会语境当中，因为女性所处的社会语境以及女性主义已经被西方新自由主义所改变。

　　具体而言，西方新自由主义所带来的改变主要体现在三个方面：首先，消费文化出现了性化倾向。如斯盖格斯所言，在新自由主义精神的影响下，市场的扩张和政府管制的放松使得那些曾经被政府所管辖的道德领域开始对市场开放（Skeggs，2005），滋生了对女性的身体和性进行剥削和利用的消费文化（Arthurs，2003）。其次，现在的年轻女性正深陷于这种性化的消费文化中。默克罗比指出，随着新自由主义精神的蔓延，传统的社会化机构丧失了重要性，消费文化对女性生活中的各种紧张或失望起到了补偿作用，开始承担起作为年轻女性的支持者以及为她们提供寻求自我身份的"真理体制"的重要角色（McRobbie，2008）。最后，传统的女性主义无力对当前的消费文化进行批判。如学者所言，新自由主义将压迫和结构劣势定义为个人遭遇，将成功归因于个人成就，它掩盖了具有集体性质的压迫，同时消解了采取组织行动纠正社会不公的可能；在女性主义学术圈中，关于结构、统治、不平等和压迫的词库也似乎正在让位于选择、个体、自由、赋权等话语（Genz，2006；Gill and Scharff，2010）。

　　默克罗比和吉尔总结到，"后现代女性主义图景"是西方新自由主义社会中一种自我治理的形式，其与消费紧密相连；在这种自我治理中，权力在心理层面上运行（即"自我技术的运用"），主体被以更私密、细微的方式规训着，选择、自由等这些概念是这个规训工程的核心（McRobbie，2007a，2007b；Gill，2008）。普鲁格（Prügl，2015）提出了更鞭辟入里的观点：女性主义被新自由主义化了，自由主义女性主义观点被整合到新自由主义的理性和逻辑当中，并与新自由主义相结合，成了治理术的工具。基于此，斯盖格斯所提出的"新自由主义治理术"概念——一种通过将责任向个体自我转移以重建规则、秩序及合法化各种外在政府控制和自我管制机制的尝试——尤为精辟（Skeggs，2005）。我认为，"新自由主义治理术"可以用来概括大众文化中这种对女性的新的规训体制，它是在西方新自由主义与父权制的共谋之下产生的：既试图开拓对女性的身体和性进行剥削和利用的无边界市场，同时又通过收编女性主义以瓦解女性主义可能的批判和抵抗。大众文化中的"后现代女性主义"图景正是这种新的规训体制的体现。

总而言之，正如默克罗比所说的，女性主义在大众文化中找到一个表达空间并不意味着性别权力关系消解了（默克罗比，2001，2008）。我认为，"后现代女性主义"图景恰恰指涉一种针对女性的"新自由主义治理术"和女性主义发展的困境——现在的女性深陷于性别化的消费文化中，且女性主义由于被收编而失去批判力。"后现代女性主义"图景对女性主义的收编不仅体现在其对诸如自由、选择等传统的女性主义元素的收编，它对"后现代女性主义"这个词语的占用亦表明了这一点。后现代女性主义是在女性主义遭受内部、外部的挑战之下所发生的自我批判和内部转向，仍处于建构当中；它对个体、差异的强调被误读、扭曲为更个体化的、狭隘的消费选择与自由，这正是它被占用的基础。我们需要去正视女性所处的社会语境所发生的重大转变及其与女性主义发展之间的勾连，才有可能及时更新女性主义的批判武器，对这种新的规训体制进行批判，进一步推进后现代女性主义政治。

第二节　西方后现代女性主义的脉络 与理论意义

对大众文化中"后现代女性主义"图景的批判和对女性主义的更新需要我们重回女性主义脉络，厘清西方后现代女性主义在女性主义发展脉络中的位置及其在学术、政治和大众文化等不同语境中的呈现，指出这些有关后现代女性主义的文本之间的平行与关联。学者认为，唯有通过这种语境化的路径，厘清后现代女性主义所处的矛盾语境及其所指涉的复杂信息，才能够撷取女性主义与后现代思潮交集的硕果，开拓后现代女性主义特有的政治机会，更新女性主义的批判武器（Gamble，2001；Genz and Brabon，2009）。

理论缘起：女性主义的自我批判和内部转向

20 世纪 90 年代，第二次女性主义浪潮所达成的共识在遭受越来越多的来自女性主义内外的挑战之下出现了断裂，女性主义进入了明确的自我批判时期（Brooks，2002；McRobbie，2007a，2007b）。在此情况之下，女性主义发生了内部转向，后现代女性主义应运而生。

1. 女性主义的内部压力

女性主义的内部压力来源于欧美本土的黑人女性主义者和第三世界的后殖民女性主义者对第一次和第二次女性主义浪潮没有充分考虑种族、阶层、地域、性别取向等差异及其交互性的批判（Barrett and Phillips，1992；Alexander and Mohanty，1996；Spivak，1999；Brooks，2002）。黑人女性主义者批判欧美主流女性主义中普世的、没有差异的女性主体，谴责欧美主流女性主义是在文化和历史"真空"中使用"黑人"这个概念的，认为其对"父权制"这个概念的使用也同样呈现了种族中心主义特征（Brooks，2002）。如卡比（Carby，1982）所说，黑人男性并不享有与白人男性相同的父权制权力，且白人女性实际上可能拥有比黑人男性更多的权力和资源。欧美主流女性主义亦受到了以斯皮瓦克（Spivak）、莫汉蒂（Mohanty）、亚历山大（Alexander）为代表的后殖民女性主义者的批判，这些学者批判欧美女性主义的种族主义和殖民主义倾向，认为种族、性别、阶级等并非相互分割的、独立的经验领域，提出第三世界的女性不仅受到了本土父权制的压迫，亦受到了来自西方资本主义的压迫，其话语权又受制于带有殖民主义性质的欧美女性主义。

如布鲁克斯所说，父权制的普遍性概念之所以受到广泛批判，是因为它无法解释性别压迫在它们所存在的具体文化语境中是如何运作的，第一次、第二次女性主义浪潮的理论显然没有强调存在不同的压迫场所，同时也存在不同的抗争场所的事实（Brooks，2002）。巴雷特（Barrett，1986）甚至认为，"父权制"这个术语已经丧失了分析力或者解释力，因为它现在等同于"男性主导"。事实上，种族和阶层身份等差异会带来生活质量、社会地位和生活方式等方面的差异，这些差异甚至大大超过女性共有的经历（Hooks，1984，转引自 Brooks，2002）。根据卡尔比（Carby，1982）和沃尔比（Walby，1990）的观点，对欧美主流女性主义的批判不仅仅是要使更多边缘女性的经验变得可见，还涉及对主流女性主义中的核心范畴及假设的挑战，因为对女性受压迫经验的差异的审视可能会改变性别不平等的基础。

总之，如威登（Weedon，1987）所言，一个在政治上对女性主义有用的理论视角应该能够容纳不同女性的主体经验，展示女性的经验从何而来，且如何与形塑这些经验的社会实践和权力关系相关，在此基础上才会有政治变革的可能。因此，学者们一致认为，我们需要发展出比父权制更具体、丰富的概念才能确切地理解女性真实的受压迫经验（Carby，1982；Barrett，1988，转引自 Brooks，2002）。也正是在这个层面上，沃尔比（Walby，1990）指出，在对性别不平等的理论化过程中，强调解构和差异的后现代主义思潮确实能为女性主义应对其内部挑战提供极有价值的观点，尽管普遍存在的性别不平等的共同特征仍然可能存在于不同语境的性别关系中。

2. 对女性主义的外部挑战

对女性主义外部的挑战主要源于其与后现代思潮的交集和相互影响（Barrett and Phillips，1992；Brooks，2002）。第二次女性主义浪潮的一些观点受到了诸如福柯、巴特勒等后现代学者关于身份的激进的去本质化的探讨的冲击，因为"去本质化"不仅满足了女性主义内部对强调诸如种族、阶层、性向等差异的诉求，更是对女性范畴直接提出了挑战；在后现代思潮的影响下，人们对女性权益的关注焦点亦从原本的集权领域（政府、父权制、法律等）转移到了更弥散的、日常的、隐蔽的、生产性的微观权力（McRobbie，2007a）。

学者认为，从根本上来说，女性所承受的压迫是由现代理论的本质主义（Essentialism）、基础主义（Foundationalism）和普遍主义（Universalism）所维系和合法化的；现代理论和政治的失败在于它们没能充分把握差异，因为这两者都贬低了女性的主体位置且忽视了性别、阶层和种族差异等关键问题（Best and Kellner, 1991）。如巴特勒所说，女性主义主体产生并受限于它赖以寻求解放的权力结构（巴特勒，2009a）。例如，布鲁克斯提出，在现代理论中，"Man"作为一个代表人类整体的话语掩盖了两性之间的重要差异，公开支持男性对女性的主导权。主体在本质上一直被视为是男性的，这是一个致使女性处于从属地位的关键因素。然而，女性主义和现代性之间的关系并不仅限于此：作为一个解放政治和批判的理论体系，女性主义一直在继续使用着现代性中关于平等的宏大叙事作为它大部分政治宣称的基础，女性主义既有对现代性的批判，也有对现代性的捍卫（Brooks, 2002）。学者们认为，后现代的解构概念迎合了女性主义扩大女性主体范畴的意图，加深了其对现代性宏大叙事的批判，并最终促成了女性主义在理论和概念上的焦点转向：从关于平等的争论到关于差异的争论。因此，后现代主义理论对于女性主义是有用的，它为女性主义提供了对现代性进行批判的新的哲学支撑和"弹药"；而女性主义也进一步加剧了后现代主义对于主体的瓦解。这样一来，后现代主义和女性主义在对现代性的本质主义、基础主义、普遍主义，以及反历史主义的攻击上就有了深刻的亲密关系（Best and Kellner, 1991；Brooks, 2002；Genz and Brabon, 2009）。

　　然而，正如默克罗比和布鲁克斯所述，女性主义以现代性关于平等的说辞作为它大部分政治宣称的基础，在本身作为一场普遍主义运动的女性主义遭到那些要求指陈差异的女性的攻击时，人们质疑后现代女性主义有"去政治化"的倾向。后现代女性主义作为一个术语是否能够在社会学中发挥作用？抛弃现代性的危险在于：可能会因此而失去对女性主义运动的解释，失去诸如"作为一个女性意味着什么"这样的解释，也可能会失去一种可以站在女性的立场上说话的政治（默克罗比，2001；Brooks，2002）。总而言之，后现代女性主义是在女性主义遭受内外挑战的情况下应运而生的，它必须重新解释"作为一个女性意味着什么"，并建构一种能够指涉差异的政治逻辑，才能够帮助女性主义应对新的规训体制的挑战，并为自己在女性主义发展脉络中找到立足之地。

定义及核心内容

后现代女性主义是女性主义在应对内部、外部的批判和挑战中产生的理论转向，它必须重新解释女性和政治范畴，同时对显现于"后现代女性主义"图景中的新的规训体制进行反击。

1. 定义

布鲁克斯总结道：后现代女性主义是女性主义自身从内部到外部对现代性宏大叙事的批判和挑战中产生的理论转向，旨在推进一个建立在多元主义基础上的女性主义概念，强调的是边缘人群对一个能够为其发声的、非霸权式的女性主义的需求（Brooks，2002）。然而，一些学者也指出，作为一个概念范畴和话语系统，后现代女性主义仍处于建构当中；不仅如此，如前所述，后现代女性主义还包含了一个混合进步和倒退、共谋和批判等矛盾的意象空间（signifying space），混杂着看起来互不相容的女性主义立场、大众文化、学术和政治等。因此，学者们认为，后现代女性主义应该被理解为 20 世纪末期的一个源于西方社会语境所发生的复杂变革的文化时刻。这个时刻让我们认识到女性主义政治是可能存在矛盾的，因为后现代女性主义政治不再遵从事先存在的关于政治、学术和大众文化之间的边界的观念。因此，后现代女性主义不应该被理解为一个有边界的哲学或意识形态存在，也不应被当成一个组织有素的政治运动来讨论（Mann，1994；Genz，2006；Genz and Brabon，2009）。

根茨和布莱奔进一步强调，我们必须结合后现代女性主义在女性主义发展历史中的位置及其所处的大众文化、学术和政治语境来理解后现代女性主义；通过这种语境化的路径，学者才能够继续推进政治化的后现代女性主义（politicised Postfeminism）或者说后现代女性主义政治的概念，以此作为对认为后现代女性主义是"去政治化"或者反女性主义的观点的回应。换言之，我们需要在新的语境中重新考虑后现代女性主义，重新思考个人的政治领域和概念（Genz and Brabon，2009）。

2. 核心内容：重构"女性"和"政治"范畴

在遭到那些要求指陈差异的诉求和"去政治化"批判的挑战时，后现代女性主义首先需要回答"作为一个女性意味着什么"这个问题，同时建构一种既可以站在女性的立场上说话，又能够指涉差异的政治逻辑。"后现代女性主义"这个术语足以体现女性主义与后现代主义的亲密关系，在重新阐释"作为一个女性意味着什么"和重构女性主义政治的问题上，福柯、巴特勒等人作出了重大的贡献。

如福柯所说，性别是为了服务社会对性的管理和控制，在复杂的话语和权力的交互作用中生产出来的错误命名，目的是隐藏并就此巩固权力关系；并且，这种有关话语与权力的机制并不是压制性的，而是生产性的，我们需要去研究它产生和运作的条件（福柯，2005；巴特勒，2009a）；巴特勒深受福柯影响，拒绝任何女性身份的观念，提出性别是"操演性的"（performative），认为性别的所谓"内在本质"其实是通过一套行为模式对身体进行性别化的结果（巴特勒，2009a）。基于此，巴特勒主张将"性别"作为考察对象，剔除性别规范中存在的二元对立逻辑和强制逻辑，使性别气质、性别化身体、性向、快感和欲望等可以自由组合，而不再被强制冠以任何性别，从而"消解性别"（巴特勒，2009b）。

巴特勒不仅为后现代女性主义理论奠定了基础，还回应了人们对后现代女性主义的嘲讽。她指出，后现代女性主义并不是说我们不要主体意识，而是说我们应该去探索主体意识的建构过程，因为女性主义主体本身就是话语建构的，是某种特定形式的再现政治的结果；我们必须从"女性意味着什么"这种固定的、理所当然的、本体主义的看法中解脱出来，去了解女性主义主体是如何被生产出来的，同时又如何被它赖以寻求解放的权力结构本身所限制；女性主义政治不必非得要有一个稳定的女性主体作为基础，因为不同的女性主体是在各种不同的政治、文化的交互性中被生产并得到维系的，只有不再一味认定"女性"这个主体时，才有可能去拓展女性面对的种种可能性（巴特勒，2009a）。默克罗比在巴特勒的启发下更进一步提出，后现代女性主义并不是要摧毁自我和主体意识，而是主张我们在社会关系的具体运作中发现主体性和自我意识，因为主体总是处于建构的过程中，现在是作为碎片在具体的社会关系中运行的（默克罗比，2001）。

事实上，那些对后现代女性主义"去政治化"的批判的根源在于仍将现代主义的、基础主义的身份视为政治的前提。因此，如巴特勒（2009）所说，解构身份并不是解构政治，相反，它证实了身份所借以表达的那些基础主义的框架本身的政治性。基于此，根茨和布莱奔认为，后现代女性主义已经不再允许一个现代主义版本的女性主义政治，女性主义现在必须接受一种能够接受、容忍多样性和差异的"模棱两可"的政治，即没有任何正确的形式、没有角色、没有模型，也不存在任何根据种族、性别或标记来进行范畴划分的理论（Genz，2006；Genz and Brabon，2009）。

3. 后现代女性主义的政治可能性：微观政治

如前所述，女性和女性主义所处的社会和理论语境已经发生了重大转变：一方面，在消费文化与父权制的共谋之下，一种针对女性的"新自由主义治理术"出现在"后现代女性主义"图景中；这种从"客体化"到"主体化"转变的新的规训体制意味着父权制的表达方式发生了改变，它现在分散在大众文化中，内在地建构着女性的主体性；不仅如此，由于其对女性主义的收编，传统的女性主义无力对其进行批判。另一方面，作为女性主义受到来自黑人女性主义者和后殖民女性主义者的内部批判和与后现代思潮交集的外部挑战下的产物，后现代女性主义需要建构的是一个建立在多元文化基础之上的后现代政治。后现代女性主义政治所要回应的正是这些转变。

对于福柯而言，随着资本主义的发展，相较于与国家机器的权力结构及其运作机制相纠缠，更需要关注的是那些毛细血管式的现代微观权力及其政治效应。因为脱离了日常生活的权力运作，国家机器的强大职能就无法发挥。不仅如此，人们还应当看到权力不仅是限制性和压迫性的，也是构成性的和生产性的。面对这种弥散的、日常的、隐蔽的、生产性的微观权力，福柯主张以一种局部化的、日常化的形式对其进行抵抗，进而决定并选择自己的存在方式（福柯，2010）。这就是福柯的微观政治思想。如前所述，大众文化中的"后现代女性主义"图景所指涉的针对女性的新自由主义治理术和对女性主义的收编所反映的正是父权制权力在大众文化中的分散、隐蔽和生产性，以及女性主义所面临的差异诉求和遭受的误解、扭曲。基于此，强调解构和差异的后现代主义思潮，尤其是福柯关于"微观政治"的理论，给了后现代女性主义政治极佳的思想源泉，因为它既强调个体、差异，能够满足女性主义内部的差异诉求，又强调权力的微观运作和生产性，这让后现代女性主义能够直面弥散于大众文化中的、内在式地建构女性主体的新的规训体制，同时将这些微观的权力运作与更为宏观的权力结构联系起来。

曼（Mann，1994）深受福柯关于微观政治思想的影响，让我们得以审视后现代女性主义的政治可能性。她认为，在一个更复杂的个体能动性概念（描绘个人选择和责任感）开始发挥作用的时代，后现代女性主义政治主体是在变动中的、偶然出现的自我感觉中体验其多重、变动的个体能动性的；新的能动性和认同模型正在逐渐发展并转变政治行动模式，这种新的行动模式超越了集体性的行动主义，但并不是必然与之相对立的。作为微观政治主体的行动者能够通过重构他们的实践和关系来整合不同的欲望和责任，这就是后现代女性主义政治主体对后现代社会中的矛盾的回应。芭吉恩（Budgeon，2001）认为，处于建构中的身份认同让当代的年轻女性使用日常生活的、微观层面上的选择去加入对抗的潮流中，年轻女性的身份认同中仍然贯穿着女性主义观点；对于年轻女性来说，性别不平等是一个有个体解放方法的集体性问题，女性是有可能在个体自我的层面上创造一个政治身份、有可能在日常互动和实践中引起社会变革的。

如默克罗比所说，以吉登斯的"生活政治"来解读出现在"后现代女性主义图景"中的女性的个人选择和自我提升既合适，又有缺陷，因为它忽略了性别、阶层等宏观的权力和不平等维度（McRobbie，2007a，2007b）。这样看来，芭吉恩将后现代女性主义政治解读为混合解放政治和生活政治的过渡性时刻的观点（Budgeon，2001）自有其理。吉登斯认为，解放政治是现代性发展的基点和动力源泉，是一种有关生活机会的政治，关心的是摆脱压迫的自由、社会正义以及消除社会经济的不平等。然而，解放政治的发展并没有把人类带入一个完全解放的社会，相反，它给人类生存带来了一系列后果严重的风险，如风险危机、道德危机、生存性焦虑与生态失衡等。为此，吉登斯提出了关注日常生活中的诸如身体、性、自我与自我认同等道德与生存问题的生活政治，它是一种有关生活方式选择的政治，目的是实现对解放政治的超越和对高度现代性社会的重建（吉登斯，2001）。第二次女性主义确实给当代的年轻女性带来了更多的选择机会，但是性别、阶层和种族等权力与不平等仍然无处不在，且随着社会语境的变化，这些权力与不平等的表达方式也在发生变化，它们可能变得更加隐蔽、分散和更具生产性。

具体而言，"后现代女性主义"图景不仅指涉女性如何在性化、阶层化的消费文化中选择生活方式的困境，还指涉女性所遭遇的性别、阶层和种族压迫等解放政治议题。因此，后现代女性主义政治必须既涉及诸如"女性应该如何自主选择更好的生活方式"等生活政治议题，又将"消除性别、阶层、种族压迫与不平等"等解放政治议题纳入考量；这样一来，女性个体在微观日常生活中的选择和抵抗就有可能形成交集，进而发展成为关于某些中观甚至宏观议题的不同规模的抵抗潮流。后现代女性主义微观政治的必要性源于当前年轻女性所面临的复杂的社会语境，而使其成为可能的亦是这些年轻女性在复杂的社会语境中获得的多重的、变动的能动性形式。对于第二次女性主义浪潮的解放政治主题和一个高度现代化语境下的更关心个体选择、自我实现的生活政治风格的结合，正是后现代女性主义微观政治的生命力所在。

学者们总结说，后现代女性主义微观政治与先前的政治模型有所不同，它更为动态、灵活，既没有统一的政治目标，也没有统一的政治对头；微观政治没有被政治社团付诸实践，而是来源于个体的和日常的以性别为基础的抗争。然而，后现代女性主义微观政治仍处于建构中，其间不可避免会出现的不确定性和混乱不应该被单一、莽撞地解读为对女性主义的攻击，或是具有去政治化倾向。事实上，后现代女性主义并不会削减女性主义抵抗的基础和需求，也不会消除其他的政治形式和实践；相反，它指向了新自由主义和消费文化中更复杂的信息和矛盾（Mann，1994；Genz，2006；Genz and Brabon，2009）。有学者将这种处于不确定和临时状态的政治称为"不确定的政治"（a politics of undecidability），因为它避开了理论的纯粹性或者完全政治正确的实践，或者用巴特勒的话来说，这种政治是"令人不适的政治"（a politics of discomfort），一个既令人满怀希望又充满焦虑的政治（Harris，1999；Bulter，1997）。

西方后现代女性主义：既是理论，又是抗争

在黑人女性主义和后殖民主义的批判和强调差异、解构的后现代思想的影响下，女性主义进入了自我批判和内部转向时期，后现代女性主义应运而生。然而，女性主义的自我批判和内部转向受到了新自由主义影响下的大众文化的扭曲，催生了在某种程度上反女性主义的"后现代女性主义"图景。"后现代女性主义"图景指涉一种针对女性的"新自由主义治理术"和女性主义发展的困境——现在的女性深陷性别化的消费文化中，且女性主义由于被收编而失去批判力。从这个角度来看，后现代女性主义应该是学者的批判对象。不管是作为后现代思潮和女性主义交集的结果的后现代女性主义，还是作为批判对象的"后现代女性主义"图景，"后现代女性主义"这个术语在某种程度上都被认为是反女性主义、去政治化的。然而，这种观点显然仍是"现代主义"而非"后现代主义"的；强调解构和差异的后现代主义思潮，尤其是福柯关于"微观政治"的理论，给了后现代女性主义政治极佳的思想源泉。当前复杂的社会语境以及年轻女性在其中获得的多重的、变动的能动性形式使得后现代女性主义微观政治显得必要且可能；对解放政治和生活政治的融合正是后现代女性主义微观政治的生命力所在。正是对后现代女性主义的不同理解和应用，让我们得以廓清女性主义所处的政治、经济、文化语境和理论脉络所发生的转变，进而勾画后现代女性主义的轮廓。"后现代女性主义"在大众文化中的出现给了大众了解女性主义的机会，增加了其与公众对话的可能，这对于本身作为一项世界运动的女性主义而言是有益且至关重要的，因为女性主义不仅是一种理论，也

是一项抗争。女性主义一直是有活力、充满争议、处于持续转变过程中的社会运动，后现代女性主义的争议亦是其中的一部分，只不过它所处的社会环境和理论环境更加复杂，需要我们去一一厘清。也正是在这个意义上，马克思的政治经济批判立场能为女性主义的发展注入新的活力。

第三节　唯物主义女性主义发展的可能性与必要性

在中国语境下，面对当前全球消费文化中的传统性别文化复苏，当代中国女性有怎样的性别实践，在多大程度上拥有性别主体意识，都有待更进一步从她们具体的生活实践和相关反思中进行考察。而从理论角度来看，必须将马克思主义对女性问题的关注引向更加微观和丰富的层面，才能深化和发展马克思主义理论（郭滢、刘怀玉，2017），形成马克思主义中国化的思想硕果。20世纪七八十年代，单一、普遍化的女性范畴和女性经验受到质疑，一些马克思主义者也主张根据后现代理论来重构马克思主义女性主义。唯物主义女性主义就是女性主义和马克思主义相结合、深受后现代思潮影响的产物。与早期马克思主义女性主义与社会主义女性主义相比，唯物主义女性主义包含了后现代的话语和主体性范畴。斯图尔特（Stewart）、兰德里（Landry）、麦克林（Maclean）、亨尼西（Hennessy）和希门尼斯（Gimenez）是唯物主义女性主义的代表人物。

斯图尔特主张消除马克思关于主、客观之间的二分法，认为女性是在文化中表达和分析她们在日常生活中所体验的父权制的，所以必须将文化也视为具有物质性的，并在文化中解释女性受压迫的原因（Stewart，1981）。兰德里、麦克林、亨尼西等学者进一步结合后现代关于话语、主体性的概念，扩大了马克思主义的物质范畴，主张唯物主义既应包括经济基础对文化产生物质影响的唯物主义，也应包括文化对经济基础产生物质影响的文化唯物主义。这些学者认为，因为话语和知识所产生的后果同样具有物质性，所以可以被理论化为一种能够产生物质影响的意识形态（黄继锋，2004；亨尼西，1993）。希门尼斯指出，要想了解女性受压迫的根源，首先必须回到真实的资本主义主导下的社会历史语境中，然后再探讨这个特定的历史语境致使女性受压迫的过程，因为每个个体都是其所处的特定历史时代的产物。她认为，只要资本主义仍然是占据统治地位的生产方式，那么就有必要将马克思主义作为理解两性关系的基础。因为正如阶级之间的关系是由各阶级与生产方式之间的关系所决定的一样，两性之间的关系也是由两性各自与身体、社会的再生产之间的关系决定的。生产通过决定再生产所需要的物质条件而使再生产从属于生产，这就意味着有些再生产的形式会被结构性地排除在外，比如说，在家庭中建立共用资源或共同抚育孩子等再生产体系在理论层面上或许可行，但实际上这些体系在以私有制和个体责任为基础的社会体系中根本不可能存在。基于此，希门尼斯认为，只要资本主义生产方式继续在全球范围内占据主导地位，那么资本主义的宏观结构性条件就是男女不平等的起源，在资本主义社会结构中争取平等的斗争必然是徒劳的（Gimenez，2005）。

通过重构唯物主义、生产与再生产、意识形态等概念，唯物主义女性主义挖掘了马克思主义和女性主义在不同社会语境、后现代思潮中的理论与现实意义：一方面，深受后现代思潮影响，唯物主义女性主义为处于边缘位置的女性发出声音提供了推动力、合法性和话语空间，这能够使更多女性的生存和发展境遇被看见；另一方面，唯物主义女性主义挑战了当前身份政治和文化政治对宏大叙事的拒斥，强调女性受压迫问题与宏观的政治经济结构、意识形态之间的关联，主张必须既强调女性之间因为阶级、种族等的不同而产生的经验上的差异，又对父权制与资本主义进行总体批判，从而更好地理解新的市场和消费实践如何使女性同时受资本主义和父权制的压迫，发展出新的女性主义概念或理论（亨尼西，1993）。正是在这个意义上，唯物主义女性主义的发展极具发展潜力和必要性。

从唯物主义女性主义角度来看，只要资本主义仍是当前全球范围内占据统治地位的生产方式，那么对女性问题的分析就离不开马克思主义。一方面，唯物主义能为分析滋生于后现代消费文化中的女性议题和当前女性主义的发展困境廓清宏观制度环境，将矛头直指新自由主义；另一方面，结合我国以马克思主义为指导思想的制度环境和当前所处的社会转型期，唯物主义女性主义对中国的发展在理论和现实层面都具有重大意义。对于非西方国家的女性解放运动而言，关注女性在不同代际、地域、民族、历史等具体语境下特有的基本生活经验是女性自身性别意识发展的起点，也是改善女性生活和促进女性发展的前提。对于中国而言，一方面，由于代际、地域、民族、历史种种因素，我国女性的生活和发展状况有着巨大差异，关注她们的基本生活经验是改善其生活和促进其发展的前提；另一方面，如前所述，中国女性所经历的革命和现代化历程，以及当前所处的消费社会的复杂性、矛盾性，使得我们对探索中国女性的社会生活、思想意识领域显得极为迫切。基于此，唯物主义女性主义能够为我们分析不同阶层、代际、地域和民族的男女在各个历史阶段中的性别关系提供理论框架。

中国女性主义和女性解放的纵深发展必须从真实了解处于不同社会位置中的女性的经验出发。无论国家主导的集体性别运动，还是"压缩现代性"下的复杂和流动，都提醒我们，中国特色女性主义的发展和中国女性面对的生活日常无不深受宏观历史、社会、文化、经济和政治力量的形塑。近几年来，国内直播、网剧、网综正在井喷式发展，引发了许多关于大众文化中的女性呈现和女性主义的相关批判与讨论。英语国家学者关于大众文化中的"后现代女性主义"图景的研究对国内女性主义文化研究学者有很好的借鉴意义，有利于国内学者从更广泛的语境去理解、讨论和推进女性主义，也有助于推进大众范围内更有益的讨论与反思。从全球范围来看，尤其在当前民族主义崛起、经济下行、中美关系紧张、局部战乱等语境下，对中国乃至其他国家和地区的女性议题的关注，都应该重访马克思政治经济学的唯物主义立场，在现代资本主义的政治经济结构中剖析女性在日常生活实践中的社会地位和生存境况。

目前，国外学者基于后现代视角对酒吧中的年轻女性的研究仍然在某种程度上将女性归为"受害者"，这是现在很多女性主义者和女性所拒绝的。这些研究对于女性权力和自由的理解仍然有"结构－能动""压迫－受压迫"的二元对立的倾向。这源于这些学者没能真正厘清后现代女性主义理论的复杂与矛盾之处，因而未能与后现代女性主义理论进行更深入的对话。将酒吧文化作为大众文化中有问题的"后现代女性主义图景"的一部分进行讨论有意义但不充分，因为"后现代女性主义图景"本身就是学者们应该批判的对象，它涉及女性及女性主义所处的社会语境和理论语境的变迁。在后现代女性主义视域下，女性及女性主义所处的社会语境和理论语境已然不同以往，"女性"和"政治"范畴也相应地发生了改变。对于后现代女性主义理论的复杂与矛盾的厘清为我提供了更深刻、更具反思性的理论背景与视野，即需要在当前的社会语境和更具体的关系情境中，理解女性的实践与反思，审视她们所受到的压迫和所拥有的自由和选择。女性的能动性和实践是复杂甚至矛盾的，这源于国家、市场、文化和个体之间的相互作用。这些正是本书所要探讨的。

在方法论上，唯物主义女性主义对消费文化和个体经验的关注既指向了一种基于日常生活实践的研究转向，同时不忽视对宏观社会语境的考量。随着消费文化在人们重构关于现代生活方式和社会身份的想象中扮演着越来越重要的角色，对转型期中国的性别、阶层的研究亦应该从个体层面的人们在具体消费情境中的实践和反思出发，最后回到宏观社会层面的探讨。

第四节　基于日常生活实践的研究转向与田野告白

基于日常生活实践的研究转向

唯物主义女性主义对于女性和女性主义话语当前所处的社会语境的警觉和剖析给了女性主义方法论上的启示：唯物主义女性主义对个体、差异的强调使得包括中国女性在内的第三世界女性的经验变得可见。这种可见的经验有可能对欧美主流女性主义的核心范畴和假设发起挑战，进而改变性别不平等的基础（Carby，1982；Walby，1990）。对于中国当代年轻女性的研究必须从真实了解处于不同社会位置中的女性的经验出发，在此基础上，女性才有可能在实践层面上准确地抵抗她们自身受到的压迫，这也就是后现代女性主义的微观政治所说的日常的、个体层面上的抵抗（Mann，1994）。不管是对个体、差异的强调，还是对分散在大众文化中的福柯意义上的弥散、日常、隐蔽、生产性的新的父权制权力的警觉、剖析甚至抵抗，唯物主义后现代女性主义都将性别研究导向了女性个体的日常生活实践。从更广泛的消费研究来看，正如鲍德里亚所强调的，消费社会的重要意义就在于"消费的地方就在日常生活之中"（转引自高宣扬，2005），消费更应该是一个探讨社会实践的语境（Goulding et al.，2009），这种研究的实践转向正是与日常和生活世界相关的（Reckwitz，2002）。

也正是在这个意义上，唯物主义女性主义对消费文化和个体经验的关注共同指向了一种基于日常生活实践的研究转向，同时还注重与宏观社会结构、大型历史叙述的对话，因为性别主义有很长的历史而且在当代社会仍旧影响甚广（弗雷泽、尼科尔森，1988）。随着消费文化在人们重构关于现代生活方式和社会身份的想象中扮演着越来越重要的角色，对转型期中国的性别、阶层的研究亦应该从个体层面人们在具体消费情境中的互动、实践、体验、感受出发，最后回到宏观社会层面的探讨。

基于此，我尝试从微观层面出发，试图探讨当代中国年轻女性如何体验、参与建构或抵抗以及反思来自传统性别文化和消费文化的多种面向的规训，以此来映射市场转型期中国性别与阶层的发展与变迁。这一切都必须放在改革开放后，集体主义原则被打破，强调个体主义的市场机制和消费文化进驻中国的宏观语境中才能得到更好的解释。

田野说明

夏市是研究酒吧休闲娱乐的理想田野点，原因有二：首先，从宏观社会语境来看，酒吧产业在夏市有着良好的发展生态。夏市位于我国东南沿海，一直享受较为优惠的国家经济政策，实行积极的对外开放政策，第一、第二、第三产业协同发展。加之夏市中外融汇的侨乡文化和优美的自然风光，每年都有大批国内外旅客到夏市度假旅游，文化产业发展迅速。根据夏市统计局发布的数据，2009 年以来，夏市第三产业在其 GDP 中的占比一直在 50% 以上。到 2019 年，夏市第三产业对 GDP 的增长贡献率为 54.6%，其中，营利性服务业是占比最大、发展速度最快的行业。酒吧休闲娱乐业甚至被纳入夏市文化产业观光带规划中。其次，从个体消费者角度来看，夏市有着极具活力的消费者群体和较高的休闲娱乐需求。由于良好的自然地理、历史人文和经济发展态势，夏市有大量的流动人口。2019 年，夏市流动人口超过 200 万人，并且累计接待国内外游客超过 1 亿人次，这给夏市酒吧带来了庞大的潜在消费群体。不仅如此，根据国际经验，人均 GDP 超过 3000 美元时，文化消费快速增长，接近或者超过 5000 美元时，公众大规模地对文化产品的消费产生兴趣。[1] 夏市人均

---

[1] 《人均 GDP 超过 3000 美元 文化产业"顺势"成长》，https://www. chi-nanews. com. cn/cul/news/2009/04 – 14/1644419. shtml，2009 年 04 月 14 日，最后访问日期：2021 年 12 月 31 日。

GDP 在 2008 年就超过 8000 美元，2018 年则已经超过 17000 美元。① 在此情况下，人们倾向于满足更高层次的文化消费需要。

在良好的行业生态下，为迎合更多的消费需求，开发更广阔的消费市场，夏市酒吧的风格变得越来越丰富。我所观察的酒吧主要包括 3 家连锁经营的大型夜店（闹吧）和 10 家清吧，前者主要位于市中心或交通便利处，以经营"高空派对场"为主，特征是挑高的场地、绚烂的灯光和以电子乐为主的背景音乐，年轻人是主要的消费群体，他们跟随动感的电音在舞池"蹦迪"。清吧类型则较为多样，例如，酒吧 V 以复古的意大利式装修风格、爵士乐队表演和精湛的调酒技术为招牌，M 吧是提供墨西哥简餐和特色鸡尾酒的平价学生吧，P 吧是外国人自己酿酒、经营的精酿啤酒吧，还有日式居酒屋和路边的精酿啤酒车，等等。清吧多处于文创园区以及较隐蔽的居民点，其消费群体更多元，消费水平也较低。

资料来源与伦理考量

从 2019 年 3 月起，我开始实地考察夏市酒吧的经营情况和消费者在酒吧中的体验。首先，我从酒吧作为娱乐产业本身对其进行观察，具体而言，对酒吧的观察既包括其所在的地理位置和内部的场地、灯光、音乐、酒水，也包括酒吧中的工作人员的流动、服务，以及消费者的着装打扮、活动和互动等。

---

① 数据来自夏市统计局多年的《国民经济和社会发展统计公报》，以及官方媒体。

其次，我还对夏市各个酒吧的微博、微信公众号、消费者群，以及访谈对象的朋友圈进行长期观察。值得一提的是，酒吧是处于特定时空的休闲消费场所，我在进入田野时就成了酒吧的休闲娱乐者，因而亦是本书的潜在研究对象，对亲身经历的批判性审视和反思，亦为研究过程中的材料收集与分析提供了宝贵的灵感和思路。

在访谈中，我尝试采用"三角测量法"（triangulation），访谈对象不仅包括去酒吧休闲娱乐的男女两性，还包括酒吧从业人员，主要通过方便抽样和滚雪球抽样招募受访者。如前所述，由于我先前并没有太多泡吧经历，且由于我与潜在受访者之间有年龄差距，第一批受访者主要来自关键人的介绍、我所认识的年轻女性的介绍，以及我在酒吧和社交网络中结识的酒吧从业人员和年轻女性；随后我通过已有受访者的介绍，不断找到其他研究对象。

受访者包括酒吧的从业人员和在酒吧中进行休闲消费的男女两性。总体而言，泡吧女性都很年轻，但我并未对"年轻"进行限定，我希望让女性受访者关于"年轻"的看法渗透到研究中来，因而采用"社会生成"的方式来界定"年轻女性"；年龄的性别化特征也是我将重点探讨的内容。共有30名受访者参与了本项研究，其中包括21名女性消费者，5名男性酒吧相关从业者，4位男性消费者（受访者信息详见附录二）。9位男性受访者的年龄在20~29岁，在酒吧的消费或工作年限在2~11年不等，均处于未婚状态。值得说明的是，研究中的男性酒吧相关从业者在从事该项工作之前也都是酒吧的休闲消费者。21名女性受访者的年龄在20~32岁，其中25

岁及以上的只有 4 人。① 这些受访者绝大部分处于未婚状态，其中 1 人离过婚；从教育程度来看，只有 1 名女性受访者为初中学历，2 名女性受访者为大专学历，其他均为本科及以上学历；目前所有受访者都处于在校学习、实习或者工作状态。

我采用了半结构访谈法，对消费者的访谈内容主要包括：去酒吧前的安全考量和着装准备；在酒吧中的消费、玩乐和交友情况；对酒吧经营模式的了解和看法；对社会主流关于酒吧的性别化刻板印象的回应。对酒吧从业人员的访谈内容主要包括：酒吧从业经历；所在酒吧的定位、运营模式与策略；对不同客户的服务和各种情况的处理；针对男女客户的不同的发展、巩固策略及关系运营。必须说明的是，不管是酒吧的消费者还是从业者，二者都常常流动于不同的酒吧，因此我所收集的材料能够基本反映夏市酒吧的整体经营情况和消费者的体验。另外，我在酒吧和社交网络中与许多酒吧从业人员和男女两性进行交谈，这些交谈亦为本书的分析提供了丰富的信息。

在进行访谈之前，我均获取了受访者的知情同意，并确保他们有机会在参与研究之前、期间或之后要求进一步了解有关研究的信息。受访者皆在自愿的基础上参与这项研究，可以随时退出，所有获得的材料都得到了妥善保管。本书对所有的受访者和相关的田野点都进行了匿名处理，以保证相关酒吧和受访者不会因本书的写作遭受任何困扰。

---

① 需要特别说明的是，书中所提到的受访人的年龄计数截至 2021 年底，也即本书主体部分的写作完成时间。书中出现的受访人所提及的工作年限等相关时间的表达截止时间也为 2021 年底。——笔者注

田野告白

在基本了解酒吧在国内外的发展情况和关于酒吧与女性的研究之后，我对国内当前的酒吧概况和泡吧女性的经验及其所可能反映的社会变迁产生了极大的好奇心，决定开始进行初步调查。怀着忐忑的心情，我开始寻找能够帮我展开实地调研的关键人。邵彬是我的初中同学，是我在高考后经常聚会喝酒的朋友之一。读硕期间，邵彬曾经几次约我去另一个初中同学志雄工作的酒吧玩，但都被我拒绝了。拒绝的具体理由我已经忘记，大约是当时对酒吧并没有什么好印象。后来有一次，邵彬和志雄为了找我喝酒，特意到学校来找我，还邀请了我当时的几位舍友，我们就近去了学校旁边一个小小的，只有五六桌的A吧，那是我第一次去这间酒吧。尽管常常在夜晚路过灯光昏暗、欢腾喧闹的A吧，也曾想过要进去，却一直没机会。几乎没有酒吧经历的我和我的舍友们满怀新奇地看着"花里胡哨"的酒单，商量好尽量点不一样的低度酒，这样大家可以多尝试几种口味，也不至于酩酊大醉。志雄已经在他所说的"夜场"混迹十多年，他点酒时表现出的"驾轻就熟"和"慷慨大方"让我们印象深刻。我还记得当时志雄原本要点一瓶威士忌，但被我们几个女生拦下了，原因是，志雄要开车不能喝酒，邵彬本就不爱喝酒，我们几个女生也不敢喝烈酒。其实还有一个没说出口的原因——一整瓶威士忌真的太贵了，那时候的我还没见识过酒吧的"一掷千金"。后来得知我要做这个研究，我被邵彬狠狠地嘲讽了一番：当时一直请你去，你不去，不然你至少能有一点感受。我问他什么时候再去酒吧玩，请他带上我，再帮我介绍几个在酒吧认识的女生做访谈对象。

他以一种"金盆洗手"的姿态告诉我，自己已经有了女朋友，不再去酒吧玩了，以前在酒吧认识的那些女生也都不再联系了。不过他还是帮我联系了以前在酒吧一起玩、现在在酒吧工作的男性朋友小魏，也把志雄的微信名片一并推给了我。对于我要去酒吧做调研，邵彬有些替我担心："你融得进去吗？现在都是'00后'了。"其实这也是我的担心。

我的担心和忐忑使我迟迟未能真正去酒吧进行实地调研，后来还是志雄主动发信息问我，你不是要来做调研吗？我才鼓起勇气，"硬着头皮"去了他所在的 M 吧。回想第一次去 M 吧，那种"格格不入"，仿佛自己是个异类的感觉依然清晰，感觉暗处有无数双眼睛在审视我，觉得自己不够年轻、不够时尚、不够会玩……这些感觉使我无法离开我的座位并放开手脚像其他人一样纵情享乐。后来，我尝试通过化更浓的妆、打扮得更时髦和学习更放纵、自如地与人交流玩乐来尽量让自己融入酒吧的氛围，尽管这让我感觉落入了消费文化的"陷阱"。我作为女性泡吧者，也是潜在研究对象，我对自身泡吧经历的批判性审视和反思为本书的材料分析和写作提供了宝贵的灵感和思路。尽管我现在仍然不算是酒吧中的熟练玩家，但是从一个彻底的局外人到某种程度上的局内人的心路历程，亦是我一步一步做完整个研究的过程。

我必须承认我也从影视作品、社会新闻甚至日常生活的交流中产生了对酒吧的负面观感，这使我一开始是抱着偏见走进酒吧和面对泡吧女性的。对真实世界中酒吧的一无所知以及对酒吧先入为主的负面观感使我十分焦虑和忐忑。不过，也正是这种与田野点、研究对象之间的距离，让我在后来的实地调查和访谈中拥有更敏感的触觉，让我更能够去认识真实世界中的酒吧与大众眼中的酒吧形象之间的差异，也更真实地去理解这些进入酒吧的年轻女性如何希望进入酒吧休闲玩乐，又如何在酒吧中"险中作乐"，更担心"乐极生悲"，她们远不是在酒吧中玩闹时看起来的那样自由和恣意。同样作为女性，我佩服她们的勇气，羡慕她们的自由，同时又为她们的一些生活境遇感到担忧甚至惋惜。

第三章　走进酒吧：一个时代的
享乐号召

文化市场涉及三个主体：消费者、文化企业和政府。消费者的购买行为形成文化产品的需求，文化企业的生产行为影响市场供给，而政府行为既能影响文化产品消费，又能影响文化产品供给，更能影响文化市场的交易效率（朱崇实，2011）。接下来，我将从宏观层面的社会语境、中观层面的酒吧产业和微观层面的消费者这三个层次对夏市的酒吧产业进行较为全面的描述和分析，尝试初步回答，在社会大众普遍对去酒吧的女性持负面态度的情况下，为什么这些年轻女性仍然选择去酒吧，且越来越多的年轻女性去酒吧。

第一节　产业结构升级：文化产业的兴起

文化是人类社会经济活动的表现和反映。文化的产业化，是由生产力提升和大众消费升级所促成的。目前国内外对文化产业的定义并不一致：联合国教科文组织表述为"按照工业标准，生产、再生产、储存以及分配文化产品和服务的一系列活动"。[①] 我

---

① 《山东整合文化产业资源 营造跨越发展优势情况分析》，2004 年 10 月 13
日，http://www.stats.gov.cn/ztjc/ztfx/fxbg/200410/t20041013_14989.html。

国在相关文件中则将文化产业定义为"从事文化产品生产和
提供文化服务的经营性行业"，以产业为手段发展文化事业和
以文化为资源来生产经营是文化产业的主要特征，其目的是向
大众提供相关文化产品及服务，满足大众不断增长的物质和精
神文化生活需求（李兰，2008）。为避免发生不必要的分歧，
2004 年，国家统计局发布了《文化及相关产业分类》，将"文
化及相关产业"定义为：为社会公众提供文化、娱乐产品和
服务的活动，以及与这些活动有关联的活动的集合。所谓的
"文化及相关产业"则包括提供文化产品、文化传播服务和文
化休闲娱乐等活动，及与之有直接关联的用品、设备的生产和
销售活动的产业（唐玉萍，2007）。根据《国民经济行业分类
与代码》（GB/T4754－2002）的标准，文化产业按照文化活动
的重要程度区分为文化服务和相关文化服务两大部分，并按照
部门管理需要、文化活动特点及产业链更进一步细分为：新闻
服务，出版发行和版权服务，广播、电视、电影服务，文化艺
术服务，网络文化服务，文化休闲娱乐服务，其他文化服务，
文化用品、设备及相关文化产品的生产，文化用品、设备及相
关文化产品的销售 9 个大类，再分为 24 个中类 80 个小类（匡
导球，2006；邹继业，2009）。

　　2000 年，党的十五届五中全会首次提出发展文化产业的
思路，此后中国的文化产业开始高速发展。[①] 2002 年，江泽民
同志在中国共产党第十六次全国代表大会上的报告指出，一方

---

① 《中共中央关于制定国民经济和社会发展第十个五年计划的建议（2000 年
　　10 月 11 日中国共产党第十五届中央委员会第五次全体会议通过）》中发
　　〔2000〕16 号，中国政府网，https://www.gov.cn/gongbao/content/2000/
　　content_60538.htm。

面，"发展文化产业是市场经济条件下繁荣社会主义文化、满足人民群众精神文化需要的重要途径"，[①] 让人民享有健康丰富的精神文化生活，是全面建成小康社会的重要内容；另一方面，要"支持文化产业发展，增强我国文化产业的整体实力和竞争力"，[②] 而强大的文化实力和竞争力正是国家富强、民族振兴的重要标志。正是在这样的政策环境下，中国的文化产业进入蓬勃发展阶段。

2007 年底爆发的国际金融危机，从根本上动摇了中国长期以来靠"出口拉动，投资推动"的粗放型经济发展方式。尽管世界经济逐步从危机中复苏，但中国经济所依赖的外部经济环境毫无疑问已经发生了改变。转变中国经济发展方式以使经济保持可持续发展是中国经济面临的迫切问题（龚敏、王华明，2011）。2010 年，为了应对世界金融危机冲击，并在2020 年实现全面建设小康社会的目标，中央制定了 2011 年到2015 年中国经济发展的蓝图，颁布了"十二五规划"，[③] 实现经济结构调整，发展服务、文化产业是该规划的主要目标之一。"十三五规划"[④] 更明确地提出了推动文化产业结构优化升级，扩大和引导文化消费的目标。为响应国家政策，夏市出台了《夏市"十二五"文化产业发展专项规划》和《夏市

---

① 《全面建设小康社会，开创中国特色社会主义事业新局面——在中国共产党第十六次全国代表大会上的报告》，2006 年 12 月 22 日，https://www. safea. gov. cn/zxgz/jgdj/xxyd/zlzx/200905/t20090518_69741. html。

② 同上。

③ 《中共中央关于制定国民经济和社会发展第十二个五年规划的建议》，2010 年 10 月 28 日，http://www. most. gov. cn/yw/201010/t20101028_82966. htm。

④ 《中共中央关于制定国民经济和社会发展第十三个五年规划的建议》，2015 年 11 月 3 日，http://www. gov. cn/xinwen/2015 - 11/03/content_5004093. htm。

"十二五"现代服务业发展专项规划》，明确提出全面优化城市功能，着重创建高新技术研发基地、商务营运中心、高端消费中心、文化创意园区等第三产业园区，以推动产业结构升级；并明确提出要借鉴台湾发展文创产业的成功经验，将夏市建设成为"两岸文化产业合作的示范区"（陈劼，2015）。与此同时，夏市还提出了促进消费的重点项目和重大工程，其中便包含了促进休闲文化消费这一项。夏市"十三五"规划则进一步明确提出了将夏市建设为全国重要的文化产业示范城市的发展目标。2018年，夏市还发布《夏市进一步促进文化产业发展的补充规定》，提出进一步规范和加强夏市文化产业发展专项资金的管理和使用，提升资金使用效益，以促进夏市文化产业在新时代的高质量发展。国家和城市的发展政策、规划为夏市文化产业的发展创造了良好的契机。

第二节 夏市酒吧的发展优势与概况

夏市文化产业发展的优势

夏市毗邻东海，属亚热带季风气候，气候宜人，风景秀丽，素有"中国最适宜居住城市"的美誉。夏市是我国最早对外开放的经济特区之一，一直享有国家经济政策的优待，实施积极开放的对外政策；加之本身的区位优势，夏市大量引进华人侨资、台资和外资，积极发展横向经济联合，呈现以工业发展为主、三种产业协调发展的外向型经济格局。夏市有着美丽的自然风景、中西融汇的侨乡文化、多彩的民俗风情和完善的旅游基础设施，每年都能吸引大批国内外游客前来观光度假，旅游业发展迅速。随着社会经济的发展，夏市的产业结构不断升级优化。自 2009 年以来，夏市第三产业在 GDP 中的占比一直在 50% 以上，为夏市人均 GDP 的增长作出了重要贡献，文化产业正是夏市发展正劲的第三产业的重要构成部分。2013 年，夏市文化产业实现增加值约 246 亿元，增速为 13.4%，占该市 GDP 的 8%。文化产业已经成为夏市经济发展的新增长点，初步被确立为夏市支柱性产业（陈劼，2015）。2019 年，夏市第三产业对 GDP 增长贡献率为 54.6%；在第三产业的各行各业中，营利性服务业是占比最大、发展速度最快的行业。[①] 也正是这样的地理、历史条件和经济发展态势，让总面积 1699.39 平方公里的夏市的常住人口在 2018 年达到了 411 万人，其中户籍人口为 242.53 万人，非户籍人口为 168.47 万人。不仅如此，夏市还是其所在省流动人口最多的城市，截至 2019 年 10 月，夏市登记的流动人口共有 287.8 万人。

《夏市"十二五"文化产业发展专项规划》指出，夏市发展文化产业具有五个方面的独特优势，包括优美的人居环境、坚实的经济基础和需求条件、良好的社会人文氛围、独特的对台区位；并明确提出重点发展创意设计、动画影视、文化旅游和数字内容四大产业集群。演艺娱乐业便是文化旅游产业集群的文化产业门类之一，以参与性、体验性文体休闲娱乐活动带动旅游亦是文化旅游产业的主要目标之一，其具体的举措中便包含利用海滨、湖边、山间等独特空间资源发展情调酒吧这一项。总而言之，在夏市对文化产业的发展战略中，合理规划文化产业基地和文化创意产业园以实现资源整

---

① 资料来源：夏市统计局。

合是其中的关键一环。

夏市酒吧的发展

　　从国内学者关于酒吧在中国的发展历史的梳理来看，中国的酒吧是在人民生活水平提高、大众消费文化的普及和休闲生活逐渐受到重视的社会环境之下，随着国内外商业资本的运作和市场的开拓而兴盛发展起来的。因此，酒吧在很大程度上作为一种外来先锋文化、时尚文化的产物，是面向城市中产阶层的夜间休闲消费场所，与西方酒吧作为一种非常普遍的且与蓝领文化紧密相连的公共消费场所有较大差异。总而言之，中国的酒吧可以说是全球化与本土化杂糅特征最为典型的消费场域，是一个政府与市场合力推动的空间，与全球化、消费文化和市场经济紧密联系在一起（王晓华，1998；包亚明，2006；柴彦威、翁桂兰、刘志林，2003；唐卉，2005；辜桂英，2008；林耿、王炼军，2011）。

　　然而，从这些有限的关于国内酒吧的文献来看，尽管学者们在宏观上将酒吧与全球化、消费文化和本土化联系起来，但是全球化和消费文化在他们的研究中只是作为一个大背景，或者可以说作为事实存在，而不是研究对象或研究内容本身，这使得关于酒吧的本土化探讨无法深入。从中观层面来看，这些研究只是对酒吧做了简单的描述和分析，没有真正考察酒吧所处的具体的社会环境，包括国际环境、国内政策环境等，也没有去考察酒吧行业本身的发展与变迁等。不仅如此，这些研究也忽视了酒吧中微观个体的鲜活体验，只是单纯将酒吧作为一个休闲消费空间，忽略了酒吧作为一个消费场所的特殊性及源起于这种特殊性的符号和意义。交织着享乐、自由、放纵、失控、权力、风险、健康、文化、性等社会事实和社会想象的酒吧显然有相较于其他休闲消费空间的特殊之处，这些特殊性正是本书的关注点所在。

在这部分，我将首先从宏观、中观层面介绍夏市酒吧的发展、变迁概况，并总结夏市酒吧所呈现的主要特征，为之后章节的展开提供具体语境。

1. 夏市酒吧发展概况

改革开放之初，夏市曾是我国对外开放的"排头兵"。自改革开放以来，夏市长期靠低要素成本（劳动、土地、环境、自然资源甚至银行资金等国内生产要素）优势发展"出口拉动"型经济，这种以出口劳动密集型产品为导向的粗放型经济发展方式在当时的历史条件下有其合理性。然而，随着经济发展水平的提高，受劳动力成本不断上涨、人民币升值以及环境资源约束强化等方面的影响，夏市经济高速增长的动力日趋减弱，2007年底爆发的国际金融危机甚至一度使夏市经济处于停滞增长的境地（龚敏、王华明，2011）。

发展文化产业是夏市乃至中国实现经济结构调整以使经济保持可持续发展的重要战略之一。美丽的自然风景、中西融汇的侨乡文化、多彩的民俗风情和完善的旅游基础设施，使得夏市的文化产业发展有着无可比拟的自然地理、历史文化和政策优势。演艺娱乐业是夏市发展文化旅游产业集群的文化产业门类之一，发展酒吧等高端休闲娱乐行业，以参与性、体验性的休闲娱乐活动带动旅游是文化旅游产业发展的主要目标之一。在夏市环岛路文化产业观光带规划中，海湾公园与滨北咖啡一条街呼应，主推的正是酒吧娱乐文化（朱崇实，2011）。

2. 夏市酒吧发展变迁

不过，夏市酒吧的发展和形态远远不是相关学者所描述的那样简单。酒吧在社会环境的变迁、消费者需求的变化和娱乐发展业态的综合影响下经历了经营模式的变换；相关经营者、工作者以及消费者对酒吧的体验、感受和看法亦发生了改变。

（1）从"无奇不有"到"规范经营"

改革开放以来，我国的组织结构、管理体制和利益关系经历了一些深刻变革，在市场经济体制的不健全和境外犯罪势力渗透等的影响和诱发下，黑恶势力不断滋生蔓延，逐渐渗透至政治、经济领域。[①] 所谓"黑"是指黑社会性质的组织恶势力，主要包含四个特征：第一，组织特征，即有较稳定、人数多、明确的组织者；第二，经济特征，即通过不正当手段获取利益，有经济实力（以"黑"护商，以"商"养黑）；第三，行为特征，即用暴力、威胁等手段，多次为非作恶；第四，危害性特征，即严重破坏经济、社会生活秩序。"恶"是指恶势力、恶势力犯罪集团，其有五个基本特征：第一，一般为 3 人以上（相对固定）；第二，经常纠集在一起；第三，使用暴力、威胁或者其他手段；第四，多次为非作恶、欺压百姓，造成较为恶劣的社会影响；第五，未形成黑社会性质组织。[②]

2001 年，我国为保持社会稳定开始在全国范围内开展

---

① 《打黑除恶与反腐败斗争、政权建设相结合》，2006 年 8 月 29 日，http://news. cctv. com/law/20060829/103624. shtml。

② 《黑社会性质组织犯罪及恶势力犯罪特征》，2018 年 10 月 18 日，https://www. sohu. com/a/260387714_99909247。

"打黑除恶"工作。[1] 2006 年，中央政法委为控制社会治安大局、增强人民群众安全感，为市场经济的发展创造良好发展环境，开展了一次大规模的"打黑除恶"专项整治行动。[2] 2018 年，中共中央、国务院将"打黑除恶"专项行动升级为"扫黑除恶"行动，发布了《关于开展扫黑除恶专项斗争的通知》，明确提出要将打击黑恶势力犯罪和反腐败、基层"拍蝇"结合起来，深挖黑恶势力"保护伞"，旨在有力打击震慑黑恶势力犯罪，铲除黑恶势力滋生土壤，为国家发展创造安全稳定的社会环境，不断增强人民获得感、幸福感、安全感。[3] "扫黑除恶"专项斗争被认为是推进国家治理现代化的关键一役，亦是中国建设法治社会的关键节点（丁国强，2018；康均心，2018）。

休闲娱乐业曾是黑恶势力的主要盘踞点之一。[4] 作为文化产业，由于政策法规不完善、市场混乱等问题，低级庸俗、色情、暴力文化商品和服务长期存在于休闲娱乐业（杨毅，2013）。在国家扫黑除恶、扫黄打非行动下，操纵、经营"黄赌毒"等违法犯罪活动的黑恶势力得到有效遏制，休闲娱乐行业得以"清理净化"。对于酒吧从业者而言，酒吧行业近 10 年间的变化亦如"10 年前的社会跟现在的社会"之间的对比

---

① 《黑恶势力仍在不断滋生蔓延》，2006 年 5 月 26 日，http://news.sina. com. cn/c/2006 - 05 - 26/05069029766s. shtml。

② 《工商总局通知要求深入开展打黑除恶专项斗争》，2006 年 3 月 30 日，http://www. gov. cn/gzdt/2006 - 03/30/content_240349. htm。

③ 《关于开展扫黑除恶专项斗争的通知》，2018 年 1 月 24 日，http://www. gov. cn/xinwen/2018 - 01/24/content_5260130. htm。

④ 《黑恶势力仍在不断滋生蔓延》，2006 年 5 月 26 日，http://news. sina. com. cn/c/2006 - 05 - 26/05069029766s. shtml。

一样鲜明。

　　小魏是一名来自邻市小镇的青年，27 岁，刚满 18 岁就到夏市打工，当时在一家餐厅当服务员，最开始去酒吧只是玩，不久之后他发现酒吧"很赚钱"，想赚钱的他想尽办法找人介绍进入酒吧工作，目前已在酒吧工作了 9 年。谈到酒吧近 10 年的变化，小魏感触颇深。

　　　　10 年前的酒吧，跟电视上是一样的，无奇不有，什么都能见到……动不动就打架，一天打架（事件）好多起。但是因为现在的治安越来越好了，所以都是规范经营、安全生产，这些都是最重要的。就像以前香港电影拍的古惑仔，总在街头打架，你现在到香港去，发现烟头一丢，罚单就来了，夏市现在也一样……现在不是有一种说法叫娱乐文化吗？娱乐文化真的改变非常大，不会像以前那样很乱很乱。（小魏）

　　丁宇从浙江温州来夏市工作，27 岁，最开始也只是去酒吧玩，后来就到酒吧里工作，已经在夏市的酒吧工作了 4 年多，谈及酒吧的变化，他亦有相同的感受。

　　　　现在就是比较正规啊。你如果不正规的话就开不起来，公安肯定会查，肯定是因为治安的问题。现在的话，都是正规的，现在（管得）很严。（丁宇）

　　如前所述，政府行为既能影响文化产品消费，又能影响文化产品供给。国家的"扫黑除恶""扫黄打非"可以说彻底改变了酒吧行业的生态。事实上，酒吧行业生态的净化不仅意味着酒吧从业者在提供文化产品、服务上的变化，也意味着顾客群体的改变。

顾客群体"素质"的提升被认为是酒吧环境改善的另一个关键原因，而"素质"得以提升除上述因素外，还应注意国家市场经济的发展。

（问：以前的消费群体跟现在的消费群体有什么不一样吗？）

有，区别很大。现在就是素质提高了，以前呢就是"混混"啥的很多……我当时去（酒吧）也大多数都是那些"小混混"在玩，然后那里面的打工族、老板很少。

（问：现在城市里好像没有"混混"哦？）

现在也有，很少，现在村庄里也少了，因为时代在变，偏一点的村可能还会有。但是现在基本不提倡打架了，现在提倡赚钱。打架（这个事情），打赢了你还得赔，打输了你还得住院，就像上次新闻里面报道两辆豪车撞一起了，车主下车握个手，交换一下名片，这样就无事了。现在很多人在酒吧玩也是一样，比如说碰在一起，自己都会首先说对不起，不好意思不好意思，不会像以前一样一个眼神瞪过去说你想干吗……那除非就是说，有些人喝了酒之后，意识不是很清醒，说难听一点就是会原形毕露嘛，把自己的不好表现出来，很冲动啊什么的，因为你都控制不了你自己了嘛，然后有些人会闹点小矛盾、小脾气。（小魏）

谈及"为什么现在的人不打架了"，丁宇给出了进一步的解释。

> 以前打架之后关几个小时就出来，现在如果打架的话，严重的情况要被判刑的。以前打群架，顶多关你几个小时，现在三个人以上都要判刑，三个人以上都算打群架……现在的我，如果有人要打我，我就不还手，我就让他打。因为你只要还手，你什么都得不到，你不还手，你还能得到赔偿。现在的人就是你要打我我就让你打。按照以前的脾气，要有人打我我肯定要打回去。现在的话很多人脾气都很好。因为法律严格，政策改了。如果你没还手，他肯定要赔你钱，不赔的话那肯定要坐牢啊。那你选择坐牢还是赔钱，那你肯定选择赔钱啊。（丁宇）

事实上，"素质"的提升与国家市场经济的发展息息相关。如学者所言，国家倡导的所谓"素质"话语其实也就是一种典型的市场话语。改革开放后，在市场经济语境下出现的相关话语的核心是基于个体主义原则的素质和能力的，这与国家的"素质"话语是相互匹配的（Murphy，2004；吴小英，2009；Yi，2011）。从材料来看，"提倡赚钱"这种以经济利益为导向的市场原则在某种程度上已经成为人们的行为准则。而高素质与经济利益之间显然有着必然的关联，素质高的人能获得更高的经济利益，为了经济利益，人们必须提升自己的素质。总而言之，酒吧行业生态的净化和消费群体"素质"的提升，使得酒吧越来越成为一个有可能面向普通大众的休闲消费场所。

根据研究，人均 GDP 超过 3000 美元时，文化消费快速增长，接近或者超过 5000 美元时，公众才有可能大规模地对文化产品的消费产生兴趣，文化消费井喷（杨雪梅、苗苗，2009）。从消费者的购买力来看，夏市人均 GDP 在 2008 年就超过 8000 美元，2018 年则已经超过 17000 美元，进入工业化的后半阶段。[①] 随着收入的提高，人们会倾向于满足更高层次的需要，而这些高层次的需要有相当部分是文化产业的产品。在这种情况下，大众对酒吧休闲的需求大幅提升。

在安全规范的酒吧经营、消费群体"素质"的提升和大众休闲需求剧增的契机之下，酒吧越来越成为一个有可能面向普通大众的休闲消费场所，在此情况下，如何改变经营态势以吸引更多的消费群体就成了酒吧经营的重中之重。

（2）"高空派对场"：从"坐着玩"到"站着玩"

作为中观的文化企业本身，酒吧既受宏观政策环境的影响，亦受微观消费个体的影响。从宏观层面来说，政府行为会影响文化产品供给，"扫黑除恶""扫黄打非"使得酒吧经营态势发生了从"打架拿枪""无奇不有"到"规范经营""安全生产"的转变；而从微观层面来说，消费群体"素质"的提升和大众休闲需求的剧增，亦使得酒吧必须改变其经营方式才有可能吸引庞大的、潜在的消费群体。欧美电子音乐在国内的流行恰好了酒吧行业一个改变自身经营方式的绝佳灵感。

2019 年 5 月的 26 日、27 日和 30 日，《夏市日报》连续刊登了对 IMF（I Music Festival）夏市超级音乐嘉年华的系列追踪报道。于 2019 年 5 月 25 日至 26 日在夏市举行的 IMF 夏市超级音乐嘉年华是迄今为止中国东南沿海地区规模最大的顶级

---

① 资料来源：夏市统计局。

电子音乐节，有多名全球百大 DJ① 前来参加，吸引了总计约 4
万人次的国内外电音爱好者。据报道，IMF 超级音乐嘉年华是
深受国内外年轻人推崇的电子音乐盛典，为了进一步丰富夏市
的文化旅游资源，提升城市活力，打造城市新品牌，夏市从北
京引进了该文化产业项目。尽管电音文化在国内刚起步，但目
前已拥有庞大的忠实粉丝群体。"无电音，不起舞"，电子音
乐的魅力就在于它震动胸腔的强节奏能够让人情不自禁地跟随
节拍舞动。这场融合了时尚潮流、年轻文化、现代灯光科技及
国际电子音乐元素的电子音乐派对，让台上的表演者和台下的
观众都在强烈的视觉、听觉等感官刺激下，情不自禁地舞动起
了身体。伴着现场闪烁的灯光和动感的电音，人们喝着啤酒吃
着小吃，随着音乐律动，仿佛置身一个露天酒吧。②

　　从报道来看，庞大的年轻电音爱好群体无疑是酒吧庞大的
潜在消费者，庞大的消费群体也就意味着巨大的利润。当地的
酒吧会通过赞助的方式与电音节直接进行合作，电音节的主办
方一般也会主动寻求当地酒吧的赞助，他们给酒吧投放广告，
帮助酒吧吸引爱玩、会玩且有一定消费能力的目标群体。根据
2019 年 5 月 30 日《夏市日报》的报道，IMF 夏市超级音乐嘉
年华的主办方某传媒公司的 CEO 告诉记者："这些人消费意识
很强，大部分人都坐飞机过来，并且促进了本地住宿、餐饮、

---

① DJ 的英文全称 Disc Jockey，也被翻译成唱片骑师，指专职在夜店、酒吧、
　音乐节等场所打碟的工作者。而所谓打碟就是 DJ 用打碟机和混音台，
　把多首不同的电子音乐剪接得天衣无缝。全球百大 DJ 是由英国杂志
　DJMAG 所举办的、通过公众投票产生的 DJ 排行，参见 https://baike.
　so. com/doc/3803659 - 3994808. html。——笔者注
② 《电音盛宴上演 万人嗨翻 IMF》，2019 年 5 月 27 日，http://epaper. xmnn.
　cn/xmrb/20190527/201905/t20190527_5280725. htm。

酒吧等的消费。"据他估算，本次 IMF 夏市超级音乐嘉年华带动了 5 亿元的消费，他举了个例子："就我了解到的一个酒吧，在 IMF 期间，一个晚上的营业额达到了前所未有的 500 多万元。"①

电音节不仅给酒吧带来了庞大的潜在消费群体，还给了酒吧变革其经营态势的绝佳灵感。"高空派对场"正是近年来最时兴的新型酒吧模式，宽敞的舞池、挑高的设计、绚烂的灯光和以电子乐为主的背景音乐正是酒吧"高空派对场"对露天电音节的复制，人们边听音乐，边随着节奏在舞池中摇摆身体，俗称"蹦迪"。② 在"高空派对场"中，酒吧消费者的玩乐模式亦经历了从"坐着玩"到"站着玩"的转变。在"高空派对场"之前，酒吧的玩乐模式被业界人士俗称为"花场"。在"花场"中，年轻人较少，大多是年纪较长的有钱"老板"，他们花高价为酒吧中"陪玩"的女服务员买花，坐在卡座上观看性感热辣的舞蹈表演。相较之下，"高空派对场"则以年轻人为主，他们跟随着动感的电音在舞池"蹦迪"，自己也成了表演者，这给了他们完全不同的酒吧休闲体验。

不管是电音节，还是"高空派对场"的具体经营模式，都来源于欧美国家。夏市很多大酒吧都是国内大型娱乐集团下的加盟连锁店，受访者丁宇介绍，"高空派对场"正是源于某娱乐集团老板在国外电音节上获得的灵感，他尝试在国内酒吧复制这种氛围，"做活"之后引发其他酒吧竞相模仿，"高空

---

① 《电音盛宴爆红网络好评不断》，2019 年 5 月 30 日，http：//epaper. xmnn. cn/xmrb/20190530/201905/t20190530_5281652. htm。

② 《奏响哪种音符 让夜娱乐夜精彩》，2019 年 8 月 23 日，http：//epaper. xmnn. cn/xmrb/20190823/201908/t20190823_5304346. htm。

派对场"就此风靡全国夜场。丁宇认为，现在国内的酒吧经营已经做得比国外好，其原因一方面是国人擅长模仿，另一方面则是中国有着极其庞大的消费市场。

然而，"高空派对场"所需要的派对氛围不仅仅需要宽敞的舞池、挑高的设计、绚烂的灯光和电子音乐，更重要的是需要更多年轻也会玩的玩家，就像受访者潘俊总结的"年轻群体爱蹦迪是派对场需要的"。"高空派对场"的利益源于庞大的、潜在的消费者群体，运营压力亦来源于如何吸引足够数量的玩家来制造所谓的"派对"氛围。

（3）走进酒吧：对享乐的号召

如何吸引更多的年轻消费者是"高空派对场"成功的关键。具体而言，如何推出优惠活动以挖掘、吸引潜在消费者和巩固原有消费者，以及如何在其中筛选出最佳玩家和最有消费能力的消费者，正是经营"高空派对场"的酒吧生存、盈利的关键所在。与电音节、高校之间的对接，优惠项目的推出和"气氛专员"的发展是经营"高空派对场"的酒吧为维持生存、盈利所做的努力。

首先，对于经营"高空派对场"的酒吧而言，能够吸引大量玩家的最直接的方式就是通过赞助与电音节直接进行合作。电音节的主办方一般会主动寻求当地酒吧的赞助，他们给酒吧投放广告，帮助酒吧吸引爱玩、会玩且有一定消费能力的目标群体。对于从电音节汲取灵感的酒吧而言，这些从各地来参加电音节的年轻男女无疑是最直接的目标消费群体，他们能给酒吧带来巨额消费，这是因为电音节爱好者人数众多且都有一定的消费能力，在这种情况下，酒吧的最低消费都会翻番。根据相关报道，据估算，在 2019 年 5 月 IMF 夏市超级音乐嘉年华活动举办期间，夏市某酒吧一个晚上的营业额高达 500 多万元，其中超过三分之二的客源与该活动有关，甚至有以 IMF 为主题的酒吧正在装修。不仅如此，一些有实力的酒吧经营者会在电音节期间邀请来参加电音节的著名 DJ 在表演结束后继续到其酒吧中表演，以带动参加电音节的年轻群体进入酒吧，刺激消费。在没有举办电音节的其他节假日，一些酒吧也会斥巨资邀请著名 DJ 到酒吧表演，以吸引客群。

其次，与高校对接亦是酒吧挖掘潜在消费群体的一项关键举措，高校音乐节、主题派对正是高校与酒吧对接的主要形式。例如，在重要节假日，酒吧会在下午的非营业时间专门为高校学生举办音乐节、主题派对，学生通过校内的一些聊天群、微信公众号或者微博等获取相关的信息，通过网络低价购买甚至免费获取门票，即可享受随意入座和酒水畅饮的待遇。这些在非营业时间举办的高校音乐节和主题派对等主要是为了给酒吧打广告，以吸引更高的人气和开拓潜在的市场。对酒吧而言，高校学生群体人数众多、有一定的时间和消费能力，更重要的是他们年轻有活力且勇于尝试，这一群体无疑拥有巨大、潜在的生产力和消费力。对于学生而言，花很少的钱甚至不用花钱，就能够与来自各高校的同辈群体喝酒、畅玩，享受如同在夜晚的酒吧中一样的乐趣，极具吸引力。

最后，在特殊节假日之外，酒吧亦有提高人气的丰富手段，推出优惠项目和发展"气氛专员"是其中关键的两个手段。随着电商的发展和普及，绝大多数酒吧会在开业期间、工作日或生意惨淡的时候推出团购项目。本着薄利多销的原则，商家通过第三方平台推出低于零售价的团购折扣，其形式一般包括现金抵用券和套餐等。不过，根据潘俊的说法，所谓的团购折扣不过是一种"噱头"。

> 大酒吧团购只是一个噱头，为了叫你来。先把价格提高一点，然后打折，其实酒吧原本就是这个（打折后的）价格，只是让你看（起来）好像便宜很多。（小酒吧）那种（9.9块钱的团购）就是冲人气的，鸡尾酒的话，一杯成本可能就几块钱。（潘俊）

如果说团购主要是为了吸引潜在的客户群体，提升酒吧现场的人气和氛围，那么"宴请"的目的就在于巩固现有的客户，进一步刺激消费。"宴请"是酒吧从业者根据酒吧当前的营业情况做出的安排——让营销人员主动联系一些已经许久不光顾的客户，免费"宴请"他们。不过，用来"宴请"的酒通常都是不好喝且酒精浓度高的烈酒，目的是让客户尽快"嗨"起来为酒吧制造氛围，并刺激客户购买碳酸饮料、果汁等软饮来稀释酒精浓度和改善口感，这样一来，酒吧就达到吸引人气和刺激消费的目的了。

然而，事实上，如潘俊所言，对于酒吧来说，所谓的人气主要指的是"美女的人气"。志雄初中毕业就到夏市来打工，29岁，在夜场工作了十多年，他更是直白地指出——"女人是酒吧的第一生产力"，而相应地，男性就是酒吧的消费力所在。因此，酒吧"真正的优惠"都是针对女生（尤其是其口中的"美女"）推出的。

> 美女台的话就不用（钱），比如说三个女孩子过来，

公司就会帮她们安排座位……我宴请你（男性客户）过来，我再帮你叫几个爱蹦迪爱玩的女孩子（跟你一起玩），你可能就会消费。（潘俊）

只要女生多，就会有男生……（女生）颜值高的话，位置也会安排得好一点，因为这个东西很现实嘛，如果长得确实很好看，身材确实很好，就会给你好的位置，让你坐在显眼的地方……给美女台免费安排的酒跟别人花钱买的酒是一样的。（丁宇）

然而，不管是通过团购招揽客源，还是通过免费宴请、给女生好的待遇来吸引消费者、制造氛围、刺激消费，酒吧从业者在某种程度上都处于被动位置，因为现在的年轻群体可以通过微博、微信、抖音等社交平台了解大量的酒吧信息和认识相关营销人员，拥有更多的主动选择权。正因如此，有些酒吧会有自己专职的"气氛组"，也就是专门"蹦迪"制造气氛的人，这些人也被称为"气氛专员"。"气氛专员"主要是酒吧从业人员从爱玩、会玩的年轻玩家中发展起来的"职业玩家"，一方面可以增加酒吧的人气，制造氛围，一方面可以带动那些"玩不起来"的客人。

（4）新型社交媒体的助力：一个跨越边界的"想象社群"

"高空派对场"源于酒吧为开拓市场、转变经营态势而对电音节进行的复制，酒吧玩家在"高空派对场"中亦经历了从"坐着玩"到"站着玩"的转变。不管是与电音节的对接，还是高校电音节的举办，抑或是酒吧的团购、宴请等其他活动，都在不同程度上涉及跨地域、大规模人群的流动、聚集、对话和相关信息的迅速传递。一方面，对于酒吧从业者来说，提前对酒吧和相关活动进行宣传，尽可能直接、迅速地接触广大的潜在目标消费者，并尝试维系与现有消费者之间的关系，是酒吧成功举办活动、开拓市场并最终获利的基础环节；另一方面，对于消费者而言，提前了解相关活动信息并安排行程（如，有什么活动、去哪个酒吧、什么时间去、找哪个营销人员、多少钱、是否有优惠活动、和谁一起去等等），也都离不开微信、微博、抖音等社交软件。

以 2019 年 5 月在夏市举行的 IMF 夏市超级音乐嘉年华为例，它吸引了来自全国各地甚至国外的 4.4 万人次的电音派对爱好者，拥有超过 4000 万的微博话题阅读量，[①] 其背后隐藏的正是社交媒体的强大助力：通过电音节主办方、各大酒吧的大力宣传和电音爱好者等在微博、微信、抖音等时下最热门的新型社交平台的相互转发，全国各地乃至全世界的电音爱好者迅速获取了 IMF 夏市超级音乐嘉年华的详细信息，在网上迅速集结。他们在网上预订机票（车票）、电音节门票和相关食宿；他们还在网上了解当地酒吧，选择心仪的酒吧并设法通过各种社交软件与该酒吧的营销人员取得联系，为自己在电音节之后继续玩乐预留位置。对于被丁宇戏称为"网友见面会"的电音节而言，提前约定线下见面的时间、地点更离不开社交软件的支持。在社交媒体高度发达的时代，年轻群体热衷于在社交媒体上展现自己，他们经由彼此的文字、图片、视频而相识、聚集，亦乐于寻求线下互动的机会。

---

① 《电音盛宴爆红网络好评不断》，2019 年 5 月 30 日，http://epaper.xmnn. cn/xmrb/20190530/201905/t20190530_5281652.htm。

对于需要提升人气的酒吧而言，社交软件无疑提供了最便宜的渠道，只要消费者有需要，他们就可以迅速地在微博、微信和抖音等社交媒体上获得可供参考的大量信息。然而，社交媒体的兴起和普及亦是一把双刃剑，因为信息的透明和选择的多样使得酒吧客户的流动性越来越大，客群变得越来越不稳定，酒吧从业者变得越来越被动。

> 四五年前，那时候客人出来玩都要跟做营销的人搞好关系，因为他们要拿位置呀，但是现在就是我们要跟客人搞好关系，客人才会找我们。（丁宇）

出现这种转变的原因不仅在于现在酒吧、营销人员越来越多，更重要的是信息技术的高度发达。因此，如何因地、因时制宜地利用新兴社交媒体吸引潜在的目标消费群体和巩固原有的消费者，是酒吧从业者将新兴社交媒体所能带来的利益最大化的关键。

2020年春节，新冠疫情期间出现的"云蹦迪"现象淋漓尽致地体现了新兴社交媒体对于当前酒吧文化存续的至关重要。为了加强新型冠状病毒感染的肺炎疫情防控工作，夏市相关防控工作指挥部于2020年1月26日发布了通告，要求"全市所有文化演出、娱乐演艺场所，所有电影院、网吧暂停对外营业"。① 酒吧的全面暂停营业对于酒吧从业者和泡吧爱好者而言，无疑是个坏消息。不过，也正是在这种特殊情况下，酒

---

① 《刚刚！夏市疫情防控指挥部连发4号通告！》，2020年1月27日，https://www.thepaper.cn/newsDetail_forward_5667147。

吧爱好者经历了别样的泡吧体验，也让我更清晰地看到社交媒体是如何制造着当前的酒吧文化。尽管在疫情发生之前，就有不计其数的关于在酒吧玩乐的直播、视频、图片等，但是 DJ 在酒吧舞台现场进行打碟直播，而酒吧爱好者在家里观看直播的情况，这还是头一次，这种情况被业界戏称为"云蹦迪"。观看打碟直播的酒吧、电音爱好者在观看直播过程中通过"刷礼物"[①] 给酒吧带来了相当可观的收入，据了解，杭州某酒吧曾经一晚上收入 2000 万"音浪"，[②] 折合人民币 100 万元左右。"云蹦迪"是一场借由新兴社交媒体平台，由酒吧从业者组织的别样的盛大活动，在这种既熟悉又陌生的酒吧氛围的号召下，众多酒吧爱好者在网上云集，感受着别样的"狂欢"。"云蹦迪"一时在圈内引起轰动，随后越来越多的酒吧加入了直播打碟的行列。

在这一场特殊、盛大的"云蹦迪"中，我看到的是一个酒吧文化的"想象社群"。我尝试用"想象社群"这个分析概念来理解中国语境下的酒吧文化。"想象社群"是由安德森（Anderson）提出的一个关于民族国家的概念，他认为包含民族在内的所有社区事实上都是想象出来的，社区成员心中存在共同的想象（安德森，2003）。后来有其他学者将这个概念延伸至对其他群体的阐释，他们认为"想象社群"源于这样一种集体想象（collective imagination）：并不认识或未曾谋面的人能借由他们都了解与支持的想象联结在一起，对一个共同理

---

① "刷礼物"是观看直播的粉丝给主播的打赏，是主播获利的关键一环。——笔者注

② "音浪"是抖音（社交媒体）里面的虚拟货币，是观看直播的粉丝给主播的打赏，音浪越多，代表主播的人气越高、收入越高。——笔者注

想产生归属感（杨波，2008；邓天颖，2010；杨文华，2011）。例如，有女性主义者提出的抵抗的想象社群（Mohanty，2004）、侨民的想象社群（Ang，2003）、网络中的虚拟社区（Adamczyk，2010），等等。总而言之，"想象社群"仍然可以被称为社群，但有别于普通社群的关键点在于：首先，它是由情感需求所驱动的（Ang，2003），这种情感需求包括共同的目标、爱好、认同等，它有一定的排他性又有包容性的假想边界；其次，尽管这些社群仍是由相互支持、联系的人际社交网络组成的（Castells，2007，转引自 Adamczyk，2010），有共同的交流语言，但它不遵守适用于物理社区和传统社区的规则或互动模式；最后，想象社群的成员资格是自愿的，与传统社区相比更没有等级、结构更松散且更具有意志性，不是基于地理上的接近、共同的种族认同或共同血统等（Bruckman，1998；Wellman and Gulia，1999）。

从技术层面来看，跨越时空的新兴社交媒体对想象社群的形成有着决定性影响，它跨越时空界限，塑造出无形的、想象的空间；从对想象社群的诉求来看，全球化的冲击所造成的文化断裂、差异的模糊性，以及我国市场经济的发展及社会结构的转型使个体、集体认同处于不断的转型之中。刘燕（2009）认为，对当前的年轻群体来说，由于集体认同的建构日益不稳定、多元，他们亟须重新归属于一个有着共同价值、信念和认同的共同体。因此，我将当前的酒吧文化描述为一个转型社会中，基于社交媒体、以休闲享乐为目的建构起来的想象社群；这个想象社群跨越了现实与网络虚拟空间的边界，将有着共同泡吧爱好的城市青年聚集到一起；在这个想象社群中，城市青年可以更自由地表达、展现自我，这既满足了他们对公共集会的归属需求，也满足了这个时代人们对（肉体）自我的关注；这个想象社群亦有其自身的一套语言和规则。

综上所述，国家经济结构的转型和社会治安的改善给文化产业发展提供了更好的社会环境；酒吧行业生态的净化和消费群体"素质"的提升，使得酒吧越来越成为一个有可能面向普通大众的休闲消费场所。在此情况下，如何改变经营态势以吸引更多的消费群体就成了酒吧经营的关键所在。欧美电子音乐在国内的流行则恰好给了酒吧行业一个改变自身经营方式的绝佳灵感，"高空派对场"正是酒吧为开拓市场、转变经营态势对万人狂欢的电音节的复制。"高空派对场"的利益源于庞大的、潜在的消费群体，运营压力亦来源于需要有足够庞大的玩家群体来制造所谓的"派对"氛围。新兴社交媒体的迅猛发展使得这一切变成可能：一方面，对于酒吧从业者来说，微信、微博、抖音等新兴社交媒体使得他们有可能提前对酒吧和相关活动进行宣传，尽可能直接、迅速地接触到广大的潜在目标消费者，并尝试维系与现有消费者之间的关系；另一方面，对于消费者而言，这些新兴的社交媒体也有利于他们从更多的渠道提前了解相关活动信息并安排行程。正是在这样的契机之下，越来越多的人走进酒吧。需要说明的是，并不是所有的酒吧都经营"高空派对场"，尽管现在有许多酒吧会尝试结合"高空派对场"的模式来举办活动。酒吧向来有不同风格，且随着酒吧市场的开拓和发展，风格也趋于多样。不同风格的酒吧迎合了不同群体在不同情况下的需要，去酒吧越来越成为一种更大众化的休闲方式。

第三节　小结

在社会大众普遍对去酒吧的女性持负面态度的情况下，年轻女性仍然选择去酒吧，且现在有越来越多的年轻女性进入酒吧的原因可以从宏观的社会语境、中观的酒吧产业和微观的消费者这三个层面的变化来进行初步解读：第一，宏观社会语境的变化指的是国家对第三产业的扶持和"扫黄打非""扫黑除恶"等政策带来的社会治安的改善，以及消费群体"素质"的提升给酒吧产业的发展提供了更好的社会环境。第二，就中观层面的酒吧行业本身而言，在欧美电子音乐节的启发下，酒吧的经营态势经历了从"花场"到"高空派对场"的转型，加上新兴社交媒体的助力，越来越多的年轻人走进酒吧。对于酒吧而言，通过各种活动、优待来吸引更多的年轻女性，以此刺激男性消费是其获利的重要一环。第三，从微观个体层面来看，随着国民经济的发展，大众休闲需求剧增也是越来越多的年轻女性走进酒吧的重要原因。

宏观层面国家经济结构的调整、社会治安的改善，中观层面酒吧产业的经营转型以及微观个体休闲需要的增加使得越来越多的女性走进酒吧，但是传统的性别文化显然仍在对女性进入酒吧、享受酒吧休闲产生影响。面对社会大众对去酒吧的女性普遍持有负面态度，年轻女性仍然选择去酒吧，且现在有越来越多的年轻女性进入酒吧的原因需要进一步讨论，这些进入酒吧的年轻女性如何协商来自酒吧文化对其的性别化期待以及社会主流对女性泡吧、饮酒的性别化的刻板印象也需要更深入的探讨。

　　在中国的城镇化、社会流动性增加、性别关系变迁的进程中，城市青年正在成为压缩的现代生活的实验对象，在处于转型期的新型社会中创造着新的主体性与实践。酒吧既是一个能够体现后现代消费文化特征，又是一处存在于中国特定转型期语境下的充满对立、矛盾和竞争特征的场域，进入该场域的年轻女性正是布迪厄所说的属于夜晚经济时代的消费主义者和享乐主义者（Hollands，1995），同时又身处特定的性别文化发展中的个体，国家、市场、性别文化和个人文化实践在其中相互作用。

　　事实上，如前所述，受访者自身和社会大众对泡吧女性的负面态度并非凭空而来，社会大众甚至泡吧女性自身对酒吧的负面观感既来自导论中所涉及的大众媒体对于酒吧的"高度性别化"的呈现，也来自个体的生活经验和日常交流。因此，对于进入酒吧的女性而言，她们不仅要应对来自社会的负面态度，更要应对酒吧对她们的性别化期待及其可能带来的风险。

　　在接下来的三个章节中，我将描绘酒吧的"性别化"过程，即酒吧如何通过对性别关系的运作来盈利，并将继续深入探讨走进酒吧的女性如何应对酒吧对她们的"性别化"期待和来自社会的负面态度。另外，我还会讨论这种消费形态和性别实践如何回应宏观的社会结构、市场经济和思想观念的变迁。

第四章 "女人是第一生产力":酒吧中的性别景观制造与维系

在这一章中,我立足消费新语境,以景观社会为视角,将资本力量、性别文化和个体放在酒吧这一休闲娱乐情境下进行考察,探讨酒吧的性别化过程。从时间和空间的维度来看,酒吧是基于景观时间、通过建构特定景观空间来盈利的一种休闲娱乐方式。我们需要从两个维度来看这个景观:从物的角度来看,酒吧中的景观是不断变换的,场地、灯光、音响等的不断切换和更新才能营造出所谓的"氛围",吸引消费者前来;从人的角度来看,酒吧是通过对性别景观的构建与维系来盈利的。物的景观和人的景观相互配合,共同系统化为消费资本的新的盈利机制。作为景观背后的布景者和导演,资本巧妙地使"新的消费文化"和"传统的性别观念"这两种相互矛盾的话语相互抱合,形成其意识形态支撑。对酒吧中性别景观的构建和维系的过程的考察可以让我们更清晰地看到年轻女性在酒吧中的状态及其背后的资本力量。

作为休闲娱乐产业的一部分,酒吧研究具有一定代表性。一方面,在酒吧这种基于特定时空的休闲娱乐情境中,休闲娱乐产品在当下就完成了它的生产和消费过程,且生产者和消费者有即时、密切的互动和连接。对酒吧的研究可以勾勒关于休闲娱乐产业的组织生产和休闲娱乐产品的生产与消费的完整图景,休闲娱乐产品不再抽象和远离生产者、消费者。另一方面,对消费资本主义资本运作逻辑的研究需要进一步关注消费过程。消费者并不是被动的,也不是铁板一块的,他们的主动性恰恰是消费主义时代资本活力的来源。对酒吧的经营策略与消费者体验的研究可以让我们看到消费资本主义时代,消费过程中的意义制造及其背后的资本运作逻辑。基于此,我将酒吧视作日常消费的新领域,尝试观察这一领域中消费实践的新样态与卷入其中的社会关系形态,同时,酒吧亦是我批判当代资本主义的经验透镜,是探讨资本主义权力运作的语境。

第一节 酒吧:景观社会的缩影

1929 年的经济危机使发达资本主义国家认识到消费资本主义的生产逻辑与工业资本主义的生产逻辑有所不同。在马克思所处的工业资本主义时代,如何使工人生产是资本主义所要解决的主要问题;而到了消费资本主义时代,随着科技的发展、生产率的提高和工人薪酬的提高,工人阶级有了一定的休闲时间和消费能力,如何使工人消费才是资本主义继续发展的关键(李长生,2018)。事实上,消费资本主义并未有生产力方面的革命性变化,但人们的经济行为、精神文化和社会形态发生了重大改变;商品的"有用性"也由满足生活基本所需向注重质量、强调个性化和追求精神满足方向发展(杨典、欧阳璇宇,2018)。这带来的一个转变是:生产不再完全由自然资源拉动,而是开始面向人的需要,开始重视对人的感官和欲望的开发和管理，第三产业由此兴起并得到巨大发展。其中，休闲娱乐由于十分富有生产性而被纳入消费资本主义体系当中（李长生，2018）。然而，作为当前消费资本主义的重要组成部分，休闲娱乐产业如何组织生产，产品是什么，谁是生产者，谁是消费者，生产与消费之间的关系发生了怎样的变化，这些重要的问题亟待深入挖掘。

第二次世界大战之后，随着消费资本主义的发展，资本主义从以物质生产为主导的生产方式转向以消费为主导的生产方式，这种变化成为新马克思主义者的理论生发点。卢卡奇（2011）通过对劳动过程合理化的分析，在"异化"基础上提出"物化"概念，认为人的劳动创造出一个庞大的异己世界，人们被商品所禁锢，丧失了主体性。德波（2006）继续沿着这一批判脉络，提出"景观社会"概念，认为商品已经成功地将社会生活殖民化，生活本身即展现为景观的庞大堆聚。景观社会是日常生活与情感体验全面商品化的犀利写照。在景观社会中，日常生活的商品化是经由休闲、消费的文化机制以及娱乐业、服务业的发展来完成的。休闲娱乐产业的发展是消费资本主义逻辑的必然结果，同时也是消费资本主义实现自身逻辑的必要手段之一。在工业资本主义时代，韦伯所描述的新教伦理与资本主义精神成为时代主潮，工作被赋予积极的意义，休闲娱乐被推向消极的对立面；到了消费资本主义时代，休闲娱乐的商业价值被再度发现，变得富有生产性，被纳入资本主义生产关系之中，成为资本增值和利润生产得以保证的必要一环。在此背景下，生产不再主要面向改造自然，而是更重视对个体感官和欲望的开发和管理。资本的逻辑进入人的身体、欲望和感官之中（李长生，2018）。

德波进一步指出，景观社会对社会的支配是基于对非劳动时间和日常生活空间这两个维度展开的。在由异化劳动所创造的虚假自然秩序中，存在一种虚假循环时间，它与自然界的循环时间有着相类似的外观和呈现方式，不容易被甄别。事实上，虚假循环时间中的夜晚、休息日和休假等非劳动时间，也都在服务经济和休闲活动的不断扩张中，成为可消费的商品。例如，在德波看来，这个时代所谓的"节日"都无法使我们真正享受生活，它只不过是资本对非劳动时间的商品化，目的是煽动过度消费的浪潮。除了将时间纳入自己的系统之外，资本主义在其发展过程中，还需要空间的布展。资本的运作逻辑需要借助视觉呈现，而城市化则提供了这种视觉呈现的空间和基础。工厂、住宅、文化中心和观光休闲等空间的开发和划分使城市中的人生活在预定的生活和消费模式中，巨大的购物中心正是诱使其狂热消费的殿堂。不仅如此，城市中不同功能区域的隔离还带来了人的公共性的衰落，公共的人开始变为消费的人，景观开始占据人的公共性退去之后留下的空间（德波，2006；李长生，2018）。

景观社会是一个相对宏观的、带有总体论色彩的理论。在景观社会理论中，景观及其组织生产通常是宏观、抽象，并远离个体的；作为景观的观看者的大众也通常是被动、模糊和静态的。因此，景观社会理论及现有的相关研究并没有给我们提供一个关于景观的制造及其支配逻辑的具体分析，即资本如何具体通过时间、空间安排，通过对人的感官和欲望，甚至通过对人与人之间关系的操纵和支配来进行资本扩张的机制的解释。我认为，景观并不是在真空中制造而成的，它立足于已有的社会文化秩序与元素，性别文化正是其中重要的一部分。如何将性别关系转化为景观制造的机制对消费资本而言至关重要。酒吧通常展现出远比日常生活更为直接、传统的性别权力关系，这种被强化的传统性别观念和两性关系对于两性来说都是剥削和利用，其背后是资本力量的扩张。因此，酒吧可以被视为景观社会的缩影，它为我们提供了将资本、景观、生产者和消费（观看）者放在同一休闲娱乐情境下进行考察的机会。对酒吧中性别景观的构建和维系的过程的考察可以让我们更清晰地看到年轻女性在酒吧中的状态及其背后的资本力量。接下来，我将从基于"物"的景观对酒吧这种休闲娱乐情境进行具体描述，并从基于"人"的性别景观的制造和维系来深入探讨酒吧的"性别化"过程。

第二节　"物"的不断变换：酒吧的氛围制造

在酒吧消费日趋大众化、平民化的背景下，"高空派对场"是近年来最时兴的酒吧娱乐模式，宽敞的舞池、挑高的设计、绚烂的灯光和以电子音乐为主的背景音乐正是其对露天电音节的复制。在"高空派对场"之前，酒吧的娱乐模式被业界人士俗称为"花场"。在"花场"中，年轻人较少，大多是年纪较长的有钱"老板"，他们花高价给酒吧中"陪玩"的女性买花，坐在卡座上观看性感热辣的舞蹈表演。相较之下，在"高空派对场"中，酒吧的玩乐人群从"老板"变成年轻人，玩乐模式也经历了从"坐着玩"到"站着玩"的转变，他们跟随动感的电音在舞池"蹦迪"，自己成了表演者，也成了酒吧休闲娱乐产品的生产者。如若仔细观察会发现，这些潮流酒吧整体的空间景观架构在炫目动人的声光电设备与技术之上，并随设备与技术不断更新变换，以营造最时尚、最新潮、最流行的风格为目标。

从物的角度来看，景观在某种程度上是商品、科技发展的结果，商品、科技的不断发展是构成景观的内在动力（李长生，2018），酒吧中的景观正是处于不断的变换与更新状态中的。

> 这就跟电脑为什么要升级一样，酒吧也是一样，电脑有1.0、2.0、3.0，我们酒吧也有1.0、2.0、3.0……比如，物业这一块，场地的高与低，硬件包括灯光这些机械，装修风格都是有所不同，这就是一个差距，这就是所谓的几点零，几点零。机械这一块我们做得多一点，像 M 吧那边是有一个上升的（灯光设备），打开下降，可以扩大到 6 层，然后我们是 360 度都可以转，上下也可以转，这些就是灯光的效果，这个就是区别。M 吧只能上下，那我们可以 360 度的转，那这个就是我们的创新。我们所做的产品比你们更优秀，更牛，而且还会去更新和改善……这些东西很重要，比酒还重要……第一个是灯光，第二个是场地，第三个是音响，这三个是连接在一起的，你灯光好了，场地大了，音响牛 X 了，那你给人的感觉跟氛围是完全不一样的。有的客人会因为你的灯光而来，也可能是因为你场所的氛围而来，也可能是因为音乐而来，种种不同……（小魏）

> 酒吧都是年轻人，除了保洁阿姨。你会看到各种东西，你的着装，你的妆容，包括当下流行的一些东西，比

如说，某个时装周最流行的衣服，一般在夜店里面都能立马看到。（志雄）

小魏 27 岁，已经在夏市的酒吧工作近十年，对他来说，"其实做酒吧跟开公司开商场是一个性质的，每一家公司都有个趋势性，你要跟得上这个机会，那就可以顺势而上，你要是不懂得趋势，不懂得创新，不懂得改革，那你永远只能走以前的老路……最后会被收掉"。酒吧的场地、灯光、音响和布置等必须随着商品和科技的发展不断更新。通过更新灯光、音响设备，高价请全球百大 DJ 到现场打碟，结合特定节假日或主题推出融合时下热点的气氛道具，酒吧不断变换景观。令人们沉浸其中的酒吧景观不仅面向视觉，还面向听觉、嗅觉、触觉，甚至更系统抽象的感觉。

通过沉浸式的空间景观，酒吧构造了一个有别于日常生活世界的休闲世界，将平淡粗糙的生活与炫目刺激的娱乐生活区隔开来。更重要的是，这一世界对日常生活进行了一定程度的"陌生化"处理。例如聚集了生活中难得一见的帅哥美女，规避严肃文化与工作伦理，为满足私人性的感官刺激提供合法性，从而将快感、新奇等基本生活形式中稀缺的感受放大，并将这些感受与人际关系、文化氛围等交织在一起，形成持续性的情感。正如受访者小魏所言"其实来酒吧就很奇怪的，开心他要喝，不开心他也要喝，难过悲伤他都要喝，反正七情六欲里面有的东西都要靠酒吧来解决"。同时，也正是在这个陌生化的过程中，酒吧才不仅成为酒精饮料的销售场所，而且成为特定生活方式与生活意义的载体与象征。从某种程度上来说，酒吧所呈现出的景观表明，景观社会的发展不仅基于对人的视觉的及时性满足，还基于对人的感官、欲望和情感的全方位的开发和管理。在绚烂的灯光、动感的音乐和酒精的作用之下，酒吧成了一个临时、局部的空间，充满刺激、乐趣的可能性代替了重复的日常生活带来的无聊感，指向了一个超越、替代日常生活的世界（Grossberg，1997）。

酒吧的场地、灯光、音响和布置等随着商品和科技的发展不断更新，创造出最时尚前沿、令人沉醉的景观，但并不是构成该景观的决定性因素。就像志雄所说，"可以布置一些声光电的系统，高科技的东西，那些比较烧钱。那有这些硬件设施，还要一些软件，软件就是……一些比较优秀的娱乐场所销售，一些颜值系的女生，有这么些人来做起来，管理是很重要"。女生去酒吧都是免费的吗？酒吧是如何通过对"颜值系女生"和"优秀销售"的运营来盈利以覆盖女性的费用、酒吧的天价投资和员工薪酬呢？接下来，我将论述酒吧如何通过建构和维系性别景观来进行资本扩张和利润获取。

第三节　不变的资本逻辑：性别景观的制造与维系

与不断变化、更新的空间景观相对应的是资本寻求增值的不变本质。在看似不断变换、更新的酒吧沉浸式空间中，存在资本精心构建与维系的性别景观。基于对主流性别文化的运作，酒吧经营者通过性别化的休闲娱乐产品设计和营销策略，在对两性之间的匹配、互动（看）的氛围制造和引导之中，精心编排了以饮酒为情境的性别景观，为两性提供了建构与挑战性别气质、寻求欲望满足与宣泄的可能性。性别景观的秩序需要经由观看来维系。基于不同身体资本的女性和不同消费能力的男性之间的匹配，酒吧构建了"中心－边缘"的差序空间，这也是酒吧性别景观的核心秩序，这种由边缘向中心的观看如此深入人心，以至于男女两性的积极性都被动员起来，主动卷入景观的构建及维系之中。

同时，酒吧中的性别景观不仅是经由两性关系建构的，还卷入了女性与女性之间、男性与男性之间的差异和分化，例如，不同的性别气质、审美取向与消费意图。也就是说，在"中心－边缘"的核心秩序之外，还存在不同类别性别主体之间相互观看的局部秩序。正是局部秩序与核心秩序的拼接和交互，共建了酒吧具有流动性和异质性的场景，满足了个性化、多样化的消费需求。我将这种参差错落但交相辉映的动态结构称为"互为景观"。由于酒吧氛围的生产与消费过程倚赖多角色、及时性、创造性的交往与合作，任何单一的性别群体或性别气质的实践都不能自足，它们都是构成整个酒吧布景的一个部分。所有性别主体的交往场面都成为任何一个性别主体交往场面的背景，从而构成了一幅丰富多彩的动态画面。也正是在互为景观的动态结构中，个人会不断调整自己的展演风格、心理预期和观看角度，以形成个性化、私人性的酒吧体验。可以说，互为景观是酒吧消费者主体性得以实现的重要基础。那么，性别景观构造的策略有哪些？相互映照的性别主体又对资本的增值起到何种作用？

性别景观的制造：异性互动与同性分化

（一）"女人是第一生产力"

对于酒吧经营者而言，"女人是第一生产力"，即女性是酒吧获利的关键。酒吧一直是一个高度性别化的休闲消费场所，其正是通过对性别关系的运作来获利的，这种运作最直观的表现之一就是女性经常能享受酒吧的优惠，甚至免费待遇。丁宇27岁，到夏市做酒吧营销（"营销"是对酒吧营销人员的一种称呼）已经7年多，在此之前就是酒吧的常客，谈及"为什么酒吧经常给女生优惠甚至免费"，他说出下面这段话。

> 有史以来都是这个样子的，从有夜店开始，只要有女生（她们）都是优先的。以前，七八年前那些酒吧，男的进去就要买票，女的进去就不用买票，再以前都是买票的……酒吧都是高消费的嘛，女的多，男的就愿意花钱……主要（消费者）还是男生，女生的话，很少。（丁宇）

从材料来看，酒吧主要是利用女性从男性身上获利的。具体而言，就早前主要的经营模式"花场"而言，酒吧主要是通过提供女性性感的舞蹈表演和"陪酒陪玩"的业务从年纪较长的有钱"老板"身上赚取高额"小费"的。在"花场"中，男性和女性是更赤裸直接的凝视与被凝视、消费与被消费的主体与客体的关系。相较之下，在当前的"高空派对场"中，年轻人成为主要消费群体，酒吧的休闲娱乐方式也已经截然不同。不过，这并没有改变酒吧的"性别化"本质，因为"女孩子多，男孩子才愿意花钱"（受访者丁宇总结）仍然是酒吧奉为圭臬的生财之道。在当前的酒吧产业生态中，随着消费群体的多元化和年轻化，酒吧发展出了一套新的盈利模式。

在酒吧的"高空派对场"中，主要有四个女性群体：女客服、气氛（蹦迪）专员、免费进场的女性和自己付钱消费的女性。通过对不同女性群体的运营，酒吧能够满足男性消费者的观赏、玩乐、寻求刺激、建构男性气质等需求，最终让他们掏钱买单。

"高空派对场"仍有与"花场"相似的女性"陪酒陪玩"业务，不过这些业务现在被统归为"客服服务"，且明面上的"小费"是被明令禁止的。在酒吧上班的女孩子被统称为"客服"，"陪酒陪玩"也就变成"推销"气氛道具和香槟。

> 今天我的客人需要女孩子，那我就要叫你们上班的，我叫那些长得又漂亮又要赚钱的女孩子过来，那我肯定要给（她们）小费，她们叫客服……香槟也是一种替换形式，就是小费的代替，我们不能去收小费。以我们的话解释就是，有促销酒水的，没有收小费的，女孩子也是促销酒水的……（她们）喝肯定是要喝一些，玩肯定也是要会玩，如果你在里面上班，我是来消费的，你让我掏钱为你买这些东西，你总得付出点什么吧，要么你跟我喝爽快，要么你就陪我玩开心。（潘俊）

> 客人要给她们买气氛道具、氛围纸巾，扇子要另外买。道具就是代替小费的，因为酒吧现在不能直接拿小费，只能用一个东西来代替……说难听是陪酒，说好听就是推销员，就把道具或者什么代替的（物品）推销出去。（丁宇）

女客服为男性消费者提供的"陪酒陪玩"服务经由中间商品的"卖与买"获得了合法性。通过高价贩卖成本低廉的气氛道具、香槟,女客服仍可为自己挣得不俗收入,她们的业绩抽成比例从百分之四十至百分之六十不等。

除了女客服,不管是酒吧专门聘请的气氛专员,还是在酒吧免费享受优待的年轻女性,这些爱玩、会玩的女性也是作为酒吧的"生产力"存在的。一方面,她们也作为被凝视的景观的一部分为酒吧吸引男性消费者,以特殊的方式为自己在酒吧的休闲付费,"用她们的存在来付钱"(paying with their presence)(Qian,2014),甚至赚钱。只是"在场"而无须有更实质意义上的"交易"是越来越多女性愿意进入酒吧的原因之一。然而,并不是所有女性都能获得免费优待,因为酒吧的人气特指"美女的人气"。

> 有要求(颜值),颜值高的话,位置也会安排好一点,因为这个东西很现实嘛,如果长得确实很好看,身材确实很好,就会给你好的位置,让你坐在显眼的地方。(丁宇)

另一方面,除了作为被凝视的景观的一部分,这些免费入场的女孩子有时候也要承担一些相应的"义务",被营销安排与一些男性消费者"拼桌"。当然,酒吧中也不乏有能力为自己订台、买单的女性,不过由于女性消费者的不稳定,大多数酒吧营销并不从女性身上赚钱,而是引导她们与其他男性消费者"拼桌"。这是因为,对于男性营销来说,"我一个人也搞不定这些女的"(受访者志雄总结),而与此同时,有部分男性消费者会希望通过与女性"拼桌"的方式寻求刺激。在此情况下,营销会通过促成"拼桌"的方式同时满足女性消费者和男性消费者的需求，进而从中获利。

> 有段时间邵彬（受访者之一）经常（去酒吧），还
> 没结婚的时候经常会去玩，但是他怎么玩呢？他的酒水
> 消费不高，然后他就最喜欢跟女生拼桌，比如今天刚好
> 有个台位，三四个女生，那他就通过营销去协商，他一般
> 就是说，酒水我来买单，那一起玩嘛。这样晚上不就很开
> 心了吗？如果只是几个男生从这边跑过去傻喝，你看我我
> 看你，有什么意思？（志雄）

营销总是作为男性与女性之间的协调者来为二者服务。
对营销来说，他们更倾向于通过免费优待、建立友谊等方式
与女性发展更私人的情感联系，将其发展为自己手上的"女
生资源"。

> 女生，就经常聊聊天啊……女生订不了什么大台，我
> 只是指望她能不能给我介绍几个客人……过节发红包啊、
> 改天出来吃个饭啊，那样她有客人会帮你介绍。（潘俊）

> 你没有消费能力的话就现场找几个，现场搭讪几个，
> 或者我帮他们搭讪一下，说一下，能一起喝就一起喝……
> 一些（老）总啊，超有钱的那种，那就好安排啊，他们
> 都没有预算的，要"泡妞"是很好"泡"的，（我可以）
> 全国给你调资源……（志雄）

通过调动手上的"女生资源"，营销可以吸引、巩固男性

消费者，让他们为高额消费买单，这是营销乃至整个酒吧盈利的关键所在。不仅如此，对于营销来说，他们所安排的"女生资源"的质量与男性的消费力总是成正比的。好的关系可以让营销对女性经济价值的利用变成"约朋友出去玩"，剥削效果达到最佳状态，接受了酒吧和营销优待的女性也通常需要做出补偿（Mears，2015），听从营销的"拼桌"安排。

（二）作为主要消费力的男性

从酒吧产业的经营角度来看，女性是"第一生产力"，男性是主要的"消费力"。男性的消费既是酒吧的核心目的，也是构建和维系"性别景观"的基石，正是他们的消费力汇集了流光溢彩的酒水和性感美丽的女性，一道成为"性别景观"。但消费力不仅体现在他们愿意花多少钱买酒，更体现在他们所在的卡座、开的车和衣着服饰的档次上，是融合了其支付水平、身体资本与消费习惯的整体能力。如若想进入酒吧性别景观的中心，男性就既要考虑如何打理自身，又要考虑如何展现经济能力，甚至通过炫耀性消费来获得排场与"面子"。只是相较于女性，酒吧对男性气质的期待类型较为单一，消费能力是核心考虑点。

有些人总会问我，在酒吧找一个女生要花多少钱。我经常说，就是花钱的事啊！那如果真正要花钱，你不要花一万块买酒，应该花个5000块钱租一台迈凯伦，然后全身整理一下，那人家戴理查德（指一高端名表品牌），你也可以戴，你买个A货，3000块就搞定，对吧。酒你随便点一瓶1000块的就足够了，剩下的再留2000块去付小费。这样子，你就很有排面。我也可以给你上黑桃 A，可以上十万块钱的酒摆在你桌上……但是你 hold 不住啊，你穿个拖鞋，邋里邋遢，从大排档下班过来，头发油油的，你这样子怎么去玩。（志雄）

现在黑桃 A 都要 8000 多块钱，那有些人为了"泡妹子"就会买下去啊。现在女孩子出来玩都是看你桌上有什么酒，你能不能撩到她就看你桌上摆的是什么酒……然后她会决定下一步要不要跟你玩，要不要跟你蹦迪……（丁宇）

访谈中提到的"黑桃 A"是世界上唯一纯人工制作的香槟，其标志正是扑克牌中的黑桃 A。限量供应、绝佳口感和极尽奢华的包装使"黑桃 A"深受国内外富豪名流的追捧。据说"黑桃 A"在酒吧中的走红正是源自大家对国内某知名富二代的效仿。要想获得女性青睐，在酒吧中玩得开心，男性需要从各方面来展现自己的消费力，通过衣着、汽车、消费的酒等各种操作争取自己进入秩序中心的享乐资格。但并不是所有的男性都拥有足够的经济能力。酒吧展现出远比日常生活更传统的性别权力关系，会敦促男性掏钱买单，而不会为男性设置更多的消费选项。

要想玩啊，人呢就是，你在这边失去，你在那边会得到。其实我们也不管你有没有钱，你出来玩，哪怕你今天（把钱）花光光，是你自己的事，你会想办法去弥补。（潘俊）

出于爱玩的心态（有的人借钱来玩），他敢借这个钱，要么是他自己家里面有实力的，要么他想玩一两次，玩完之后慢慢去还，慢慢打工还钱。（小魏）

酒吧的"性别化"并不能与身体、情欲画上等号，也不能涵盖酒吧对性别景观构建的诸多维度。甚至可以说，酒吧所打造的生产力，与以情欲满足为标志的性产业关系不大。一方面，酒吧禁止性交易，并不将自身定位成贩卖女色换取利润的"红灯区"。另一方面，酒吧致力于打造的生产力是蕴含在景观之中，依靠多元化的性别主体互动自然流露出来的，其运作基础不仅在于身体的吸引力，更在于对消费主义、享乐主义潮流的迎合，以及在多大程度上提供有魅力的"陌生化"的生活空间，在该空间中积聚新鲜、刺激的人际关系，并形成具有时尚生活方式的象征意义。总之，作为生产力的性别必须放在酒吧行业的整体定位，以及酒吧在当代消费潮流中的文化意涵中加以理解。

作为盈利模式的景观构建颇为精细，至少包括两个方面：第一，基于两性的社会角色差异进行产品设计和营销策略，比如给女性消费优惠，把高颜值女性和高消费男性安排在最中心位置，维护美女客户资源等；第二，开发和协调不同的性别角色：专门陪酒陪玩的美女（花场）、销售气氛道具与香槟的女客服（高空派对场）、聘请的女气氛专员、受邀免费来玩的年轻女性、有消费能力的女性、高颜值但低支付能力的男性、消费能力与意愿皆强的男性，等等。不同的角色相互映衬，形成了多元化性别主体间的互动，而互动中不断生成的性别气质则满足了不同角度的凝视，达到互为景观的效果。

总而言之，酒吧是一个高度性别化的休闲场所，它正是通过对传统性别关系的运作来获利的——"女人是第一生产力"，相对应地，男性则是主要消费力。从女性的角度来看，女性性别气质的建构和对资源的竞争力核心仍然源于作为女性本身。拥有年轻漂亮、性感时尚等身体资本的女性才能免费获得优待。而对男性来说，拥有消费力才能获得优待，他们建构自身性别气质的关键仍在于经济能力。这样看来，酒吧中的性别景观不仅是基于传统两性关系建构的，还建立在女性与女性之间的身体资本、男性与男性之间的经济能力的差异和分化之上。各性别主体之间"互为景观"，共同构造出酒吧中的性别景观及秩序。

景观秩序的维系：时空布展与关系运营

通过性别化的休闲娱乐产品设计和营销策略，在对两性之间的匹配、互动（观看）的氛围制造和引导之中，酒吧精心编排了以饮酒为情境的性别景观，但性别景观的秩序需要经由观看来维系。在下文中，我将阐释在酒吧中，时间和空间更细致的切割、重置如何与主流性别关系的开发与管理相互嵌套，进而维系性别景观的核心秩序。

（一）休闲时间的生产性：性别化使用与切割

随着酒吧越来越成为一个大众化的休闲娱乐场所，这种新兴的城市夜生活是都市男女在工作之余的休闲娱乐方式。问题在于，这种休闲方式通常需要投入大量的时间、精力、体力和金钱等。酒吧营业的时间一般从傍晚持续到凌晨，晚上约10

点半过后氛围才会达到最佳，伴随着彻夜狂欢的通常是第二天的精疲力竭。休闲不再具备保障工作的功能，而是自身变得富有生产性（李长生，2018）。但时间的生产性需要有意识地打造和挖掘。在制造性别景观的过程中，消费者的积极性被动员起来，在不同的时间点生产出酒吧需要的景观部件，又在看似自由消费与享受的娱乐过程中，自主地将不同的产品组合在一起，拼接成流动的、交相辉映的场景体验。在这个过程中，生产性的时间往往不限于酒吧内的消费时长，更多地指向消费者为酒吧体验而预支的私人时间，这些时间往往花费在酒吧之外，体现在提前打扮、做好攻略、购买服饰、长期健身美容等众多个性化领域。

国内酒吧是全球消费文化的舶来产物，相较于欧美国家的酒吧，国内酒吧象征着时尚前沿的都市生活，消费水平整体较高，有中产阶层倾向。酒吧休闲时间的生产性首先就在于，人们的休闲时间显然已经成为生产方式的基础，成了消费品，只有特定人才能享受的消费品。如果想去酒吧消费娱乐，绝大多数男女两性要预支时间，提前精心打扮，迎合酒吧时尚前沿的中产阶层氛围和性别化的景观秩序，才能获得优待和享乐资格。作为"生产力"的女性和作为消费力的男性在进入酒吧前有不同的考量。陈希是一名实习生，第一次去酒吧是因为有过留学经历的老师鼓励她们上大学的时候去酒吧感受一下，后来她爱上电音，成了酒吧的常客。在去酒吧前，她通常会花一两个小时打扮自己，以迎合酒吧对其女性表征的期待。

一般打扮得比较成熟一点，穿个小裙子什么的，看起

> 来性感点，会穿得比较少一点……在酒吧大家都是这样子，你穿得太多别人才会觉得你奇怪，（觉得）你怎么穿这么多，酒吧里面的女生大部分颜值还可以……在酒吧这种地方我觉得就是应该打扮，男生可能也会觉得在酒吧的女生应该就是要打扮得性感、漂亮一点。（陈希）

相较之下，如前所述，作为消费力的男性则需要提前考虑如何展现自身经济能力，不仅需要提前考虑在酒吧中应该花多少钱买酒，还要考虑卡座、开的车和衣着服饰，甚至如何通过炫耀性消费来获得排场与面子，进而更恰当地展现自己融合了支付水平、身体资本与消费习惯的整体能力，以期获得女性青睐，进入酒吧性别景观的中心。

另外，作为消费品，时间具有不同的交换价值。酒吧在时间切割上颇费心思，有意将均质的时间切割成不同的时段，并对其做差异化赋值，吸引不同消费能力与偏好的消费者。这种差异化赋值不仅体现在每天的不同时间段之间，也体现在工作日、周末和节假日之间的划分上。例如，晚上10点半之后到凌晨2点间以及周末、节假日通常是酒吧人最多、氛围最佳的时候，因此这些时间的消费价格也通常更高。以S吧为例，相同的酒水套餐在节假日除外的周日到周四，晚上10点半之前和凌晨2点之后的价格比其他时间段低300~3000元，一般被称为"早鸟套餐"或"光速套餐"。在节假日或者有特殊活动的日子，酒吧的消费额甚至会翻番。

休闲时间的性别化使用和切割、差异化赋值迎合了酒吧对时间生产性的打造，其背后显然是酒吧刺激高消费的目的。沉浸式的空间景观、中产阶层化的消费人群和性别化的休闲娱乐氛围共建了都市夜晚中的消费景观，它与日常生活相视而立，只将有消费能力、敢玩会玩的人纳入其中，而让大部分人望而却步。

（二）休闲空间的生产性：重置与嵌套

在酒吧中，不仅不同时间段的消费水平不同，不同空间的价格也有区别。空间的商品化是酒吧的重要经营策略，如何规划空间布景，让消费者主动为"空间"付费，是景观秩序维系的重要手段。如何根据资本的逻辑来重构空间，考验着酒吧经营者的能动性。除了对营造整体氛围的空间景观制造，酒吧内部还有更具体的空间布展，这种布展与基于人的关系相互嵌套，维系着为酒吧获取巨额利润的性别景观。

以 Y 吧的最低消费为例，Y 吧内部的卡座共 78 个，分为 5 个价格不同的区块。其中最昂贵的是处于酒吧最中心位置的 2 个卡座，平时的最低消费为 9000 元，周末的最低消费为 12000 元；舞台两边的 4 个卡座和环绕中心卡座的 16 个卡座也价格不菲，平时的最低消费为 4380 元，周末的最低消费为 3580 元；根据相对于中心卡座和舞台的距离，其余三个区块的最低消费依次递减，平时的最低消费分别为 2880 元、2080 元、1280 元，周末的最低消费分别为 3680 元、2680 元、1580 元。除了卡座位置，空间的布展还包括上述所涉及的酒水、豪车、名表和衣着打扮等其他元素，这些元素的叠加构成了酒吧更具体的景观空间。在酒吧中，最吸引眼球的要数点了"黑桃 A"的客人所在的中心卡座。如果有客人点了"黑桃 A"，就会有一支高举"KING"或者"BOSS"等字样的闪耀灯牌的酒吧服务人员的长队将酒护送到客人桌上，最年轻漂亮、性感时尚的女性也会被营销优先安排到中心卡座。高调的服务和性感漂亮的女性正是为了引起全场的注意，向众人昭示酒吧中心位置的男性消费者的财力。

从女性的角度来看，拥有年轻漂亮、性感时尚等身体资本就能免费获得优待，坐在中心卡座，她们的价值和对资源的竞争力核心源于作为女性本身。而对男性来说，拥有消费力才能坐在中心位置，吸引最性感漂亮的女性，他们建构自身性别气质的关键仍是消费能力。最有消费能力的男性和最具"生产力"的女性在酒吧中心位置的匹配、互动共同构成了整个酒吧性别景观的核心。作为经营者的酒吧是这场景观演出的背景，也是隐身的布景者与导演，身处酒吧边缘位置的人则是这场演出的观看者。这种"中心－边缘"的空间重置与对两性之间的匹配、同性之间的分化经由观看实现相互嵌套，构建和维系着酒吧的性别景观秩序。这种由边缘向中心的观看如此深入人心，以至于男女两性的积极性都被动员起来，在未进入酒吧之前就主动卷入其中，努力使自己成为酒吧需要的景观部件。

总而言之，在主流性别文化的语境下，资本对两性之间互动氛围的制造和引导起到了重要作用，提供了性别气质得以建构与操演的空间，同时也提供了男女两性寻求与满足欲望的可能性。然而，女性作为生产力，男性作为消费力的设定并不绝对。为了满足个性化、多样化的消费需求，酒吧中存在不同类别性别主体及其互动实践之间相互观看的局部秩序，这些局部秩序的拼接和交互与核心秩序共同形成了酒吧具有流动性的场景。

第四节 小结

酒吧的"性别化"表征随着酒吧行业生态和经营态势的转变亦有所变化。随着社会治安的改善和酒吧行业生态的净化，加之消费群体"素质"的提升，酒吧越来越成为一个面向普通大众的休闲消费场所，那种赤裸裸的凝视与被凝视、主体与客体的传统性别权力关系变得相对隐蔽。就早前主要的经营模式"花场"而言，酒吧主要是通过提供女性性感热辣的舞蹈表演和"陪酒""陪玩"业务从年纪较长的有钱"老板"身上获取高额利润的。在"花场"中，男性和女性是赤裸裸的凝视与被凝视，消费与被消费的主体与客体的关系。而在当前的"高空派对场"中，年轻人是主要的消费群体，他们跟随着动感的电音在舞池"蹦迪"，自己成了表演者，有着截然不同的酒吧休闲体验。不过，这并没有改变酒吧的"性别化"本质。首先，在"高空派对场"中仍有类似的女性"陪酒""陪玩"业务，尽管这些现在被统称为"客户服务"，这些女性则被称为"客服"，且明面上的"交易"或者性骚扰不被允许。其次，不管是酒吧专门聘请的气氛专员，还是在酒吧免费享受各种高待遇的年轻玩家，这些爱玩、会玩的年轻女性仍然是作为酒吧的"生产力"存在的，她们通过作为被凝视的对象为酒吧带来男性消费者，只是"在场"而无须有更实质意义上的"交易"是越来越多女性愿意进入酒吧的原因之一，她们以特殊的方式在为自己的泡吧休闲"付费"，"用她们的存在来付钱"（paying with their presence）（Qian，2014）。事实上，不管是以何种方式出现在酒吧，如导论中所说，酒吧的性别化还体现在，社会主流仍对泡吧、喝酒的女性普遍持负面态度，喝太多酒的女性会被污名化。总而言之，酒吧的"性别化"不仅存在于酒吧内部，亦存在于酒吧外。

酒吧最开始是作为一种先锋文化引进中国的。20 世纪 90 年代开始，随着人民生活水平的提高，大众消费文化的普及，休闲生活逐渐受到重视，加之商业资本运作和市场开拓，酒吧开始成为中国城市中的主要夜间休闲消费场所之一。近十年来，国家经济结构的转型和社会治安的改善、酒吧行业生态的净化和消费群体"素质"的提升，都使酒吧越来越成为一个面向普通大众的休闲消费场所。不仅如此，在欧美电子音乐节的启发下，酒吧经历了从"花场"到"高空派对场"的转型，加之新兴社交媒体的迅猛发展，越来越多的人走进酒吧。酒吧确实存在大众化的发展趋势，但这并没有改变酒吧的中产阶层倾向。不过，相较于酒吧刚进入中国作为一种中产阶层的生活方式不同，现在酒吧的"中产阶层"表征更多是在消费文化和资本的包装和操纵下呈现出来的，目的在于获取巨大的利益，我将这种特征称为"中产阶层化"。

事实上，这种"中产阶层化"的表象之下是传统的性别权力关系，男性需要付出高额代价才能在酒吧维护自己作为男性的"面子"，进而获得"撩妹"的资格，而女性只是由于其年轻、美貌就能够获得酒吧的优待。酒吧的高度性别化特征在某种程度上解释了为什么酒吧是"中产阶层化"的。这是因为，在高度性别化的酒吧，拥有高消费能力的男性才会被认为拥有更强的男性气质，他们会吸引最年轻漂亮的女性，以这些女性作为传达自身社会地位的表征。也正是在这个意义上，消费能力重新成为阶层分化的标准，而女性正是这种消费能力的表征，阶层重构有"女性化倾向"。需要进一步说明的是，有高消费能力的男性有很大一部分是年纪较大的男性，因此，在酒吧中，男性的年龄跨度较大，而女性则普遍相当年轻。

随着改革开放进程的推进，消费主义在大众文化中获得重要地位，它通过媒体和广告的示范作用正在极大地影响人们的日常生活和价值观念（戴锦华，2003）。加之传统性别文化的回归，大量的传统性别符号被调动起来，泛化为市场资源，市场话语与传统性别话语由此结盟（吴小英，2011），生产出了一种消费文化主导的性别文化；这种性别文化强调女性作为身体和性的特殊价值，使女性身体走向商品化、客体化的消费时尚（吴小英，2009）。很多酒吧的营销海报对特定类型的女性身体和主体性——苗条、性感、精明、潇洒——的精心使用，经常在强调女性表达、消费和自主权的话语中出现（Qian，2014）。问题在于，这些看似时尚精致、独立自由、尽情享乐的年轻女性依然有被客体化和分化的嫌疑，她们很大程度上是作为吸引男性消费者的"生产力"而存在的。正是在消费主义和传统性别话语的结盟中，越来越多女性开始走进酒吧，自愿成为酒吧的"第一生产力"。然而，由于普遍缺乏社会性别意识，传统的性别观念显然仍对女性在酒吧的休闲享乐产生影响，社会主流对去酒吧的女性普遍持负面的态度。总而言之，酒吧文化对时尚精致、独立自主、纵情享乐的女性形象的推崇，不仅掩盖了女性在传统性别文化和新的消费文化之间的挣扎，亦掩盖了不同年龄、样貌和阶层的女性之间的分化。

正是在这个意义上，我认为，消费文化和传统性别规范这两种不同的文化意识或者说角色期望在酒吧中的交织构成了一个阈限空间。这个阈限空间不仅是一名年轻女性需要对两种不同的文化意识的交织所产生的开放性和可能性带来的享乐与风险进行协商的、基于特定时空的实践空间，还构成了由这一阈限空间的暂时性和非决定引发的、对更深层次的欲望与尊严进行协商的话语空间及伦理时刻。对于进入酒吧的年轻女性而言，这种在阈限状态下的模糊性隐含了一种抵制结构的可能性和开放性，因为它强调身份的生成（becoming）而非存在（being）（Neumann，2012）。年轻女性在其中体验着有别于日常的规训秩序和内容，由此引发关于正常结构性状态的反思（特纳，2006；Endsjø，2000）。阈限空间这个概念能够让我们关注结构中的不确定性，由此释放出的理论空间，供我们理解行动者的实践，以及体现其中的人的能动性和身份建构（潘忠党、於红梅，2015）。用特纳的话说，"阈限性充满了力量和潜能，也充满了实验和游戏"（特纳，2006）。

德波认为，景观本身就是麻醉主体的"鸦片"（德波，2006），它是通过休闲和消费的文化机制以及娱乐业、服务业的发展来传播其麻醉剂的。然而，德波对景观状态下主体的生存状态的分析并非代表所有的观点。费斯克（Fiske，2011）就认为，人们不应当只是受愚弄者，他们本身也是文本意义的积极生产者，是善于思考的、有见地的景观使用者，也是寻求意义和快感的消费者，人们可以在景观中暂时忘掉现实世界中存在着的困难和威胁，甚至暂时脱离现实生活。从收集的材料来看，我认为，年轻女性对酒吧及其背后的资本的意图并非一无所知，她们有服从和妥协，亦有抵抗和反思。除了看到资本如何通过景观将个体纳入其中，我们还应该看到个体在景观中更具体的实践和反思。

第五章　享乐与风险：女性气质的
可能与约束

　　市场经济的发展、社会治安状况的改善、酒吧行业本身的变革、社交媒体的发展和个体休闲需求的增加等因素的叠加，使得越来越多的年轻女性有可能走进酒吧。"性别化"是当前酒吧文化的主要特征——爱玩、会玩的年轻女性在酒吧中是作为"生产力"存在的，她们通过作为被凝视的对象而为酒吧招揽男性消费主体，或者有偿或者无偿地为男性提供"陪酒"和"陪玩"服务。传统的性别文化显然仍在对女性进入酒吧、享受酒吧休闲产生影响。然而，这并不是说这些年轻女性完全是父权制和消费文化的傀儡。年轻女性为何选择进入性别化的酒吧，且如何协商酒吧对这些年轻女性的性别化期待及其所可能带来的风险与在酒吧中的享乐，需要更深入的探讨。也正是在这个意义上，基于特定时空的酒吧可以被理解为一个新的消费文化和旧的传统性别文化交织的阈限空间。结合阈限空间的概念和我在田野调查中所获得的材料，我认为，基于酒吧文化所建构的"阈限空间"不仅是一个年轻女性需要在其中对两种不同文化意识的交织所产生的开放性和可能性带来的享乐与风险进行协商的、基于特定时空的实践空间，还构成了由阈限空间的暂时性和非决定性所引发的对更深层次的欲望和尊严进行协商的话语空间和伦理时刻。

有学者认为，女性气质是一个不稳定、多变和流动的概念，没有一个定论（Holland，2004）。女性气质可以被定义为构成"正常"、"可接受"和"理想女性"的概念、规范和限制。得体的女性气质一直与风险和体面相关（Campbell，2005），女性承担着保护自己安全的责任，如果她们不遵守得体的女性行为规范而让自己处于危险的境地就会受到谴责和疏离（Brooks，2008）。"被动、顺从、关心他人、随和"等特征也被认为是传统理想的女性气质（Curtin et al.，2011）。进入后现代消费社会，人们关于"适当的"女性气质的观念更多地集中在女性赋权、自主、能动性和独立上（Lazar，2009），女性被告知她们可以"拥有一切"，要自信、坚定和享乐，去寻求在生活的所有领域中的个体层面上的和竞争性的成功（Lazar，2009；Baker，2010；McRobbie，2015）。本章中，我将首先从酒吧作为一个基于特定时空的阈限空间的实践维度出发，探讨年轻女性如何在酒吧中挣扎于两种不同的性别角色期望之间。具体而言，我将首先分析泡吧之于女性个体而言的社会意义，以及她们如何更具体地感受、体验、参与建构、抵抗这种"性别化"的酒吧文化，对自身的女性气质进行协商，以平衡她们在酒吧中的享乐与风险。我最终想要阐释的是这些协商的策略及协商的结果所反映的在消费文化语境下中国的性别与阶层等社会结构的交织、变迁及影响。

第一节　另类休闲

——"玩就是玩，生活就是生活"

作为城市夜生活的典型产品，酒吧是基于自由、放松、时尚等符号意义发展起来的特殊场域，它是全球化与本土化杂糅特征最为典型的消费地，与全球化、消费文化和市场经济紧密联系在一起（王晓华，1998；包亚明，2006；唐卉，2005；辜桂英，2008；林耿、王炼军，2011）。不仅如此，如前所述，与西方的酒吧作为一种非常普遍的且与蓝领文化紧密相连的公共消费场所不同，中国的酒吧是一个"中产阶层化"的休闲消费场所。而与西方酒吧相同的是，中国的酒吧亦是一个高度"性别化"的场域。

随着酒吧越来越成为一个面向普通大众的休闲消费场所，越来越多的年轻女性走进酒吧，这种新兴的城市夜生活在公与私、工作与休闲、性与爱之间做出了重要划分，重新规划了她们的生活方式。对于进入酒吧的年轻女性而言，不同的年龄阶段、心情，不同的酒吧、玩伴等因素决定了不一样的泡吧体验和意义。放松、释放、交朋友、寻求刺激、追求时尚的生活方式、建构文化资本等是泡吧对于这些年轻女性的关键意义所在。

星语是一名大学生，第一次去酒吧是在刚上大学的第一天，一些在开学前建立的"新生群"中聊得较好的学长、学姐带她们出去玩。后来她偶尔会和学生会的学长、学姐或是一些好朋友一起去酒吧。谈及为什么喜欢去酒吧，星语给出了如下的解释。

因为大家总有需要放松的时候，或者身边的朋友总有一些感情、学业、生活中的问题。我们一般都是因为这些原因去的，或者是（学校学生组织的）部门办完一次大的活动，朋友一起去一下……（酒吧）可能会让你放下心防，它灯光挺暗的，大家喝完酒之后可能会想说什么，可能不喝酒之前是挺拘谨的人，但是喝完之后就愿意说点什么，那种环境一般都比较放松，加上音乐之类的，大家也都比较愿意去聊。（星语）

对于星语来说，清吧①相对昏暗、舒缓的环境以及喝酒之后的"放下心防"是朋友们一起谈心、分享开心或倾诉忧愁的地方。清吧相对便宜的消费也是绝大多数受访者选择去清吧的原因。很多受访者告诉我，她们一般会先去便宜的清吧喝点酒让自己"微醺""上头"，然后再去闹吧、夜店蹦迪、玩闹。

清吧也是一些自认为"年纪大了、玩不动"的受访者的最佳选择。凤珠 32 岁，初中毕业就到夏市打工，后来结婚定居在夏市，现在离婚已近两年。没有了家庭的束缚和孩子的羁绊，时隔多年以后凤珠再次走进酒吧，想要再感受一下"年轻人"的气氛，后来发现还是清吧适合自己。

那时候（离婚之后）也是看到有些团购，很便宜，就跟朋友说想去看看，感受一下年轻人的气氛……去了之

---

① 清吧是指以轻音乐为主，比较安静，不会设置动感音乐和热舞的那类休闲酒吧。——笔者注

后就感觉好吵，整个脑袋都要炸掉了，音乐很大声。旁边都是年轻的小哥哥、小姐姐，在喝酒玩游戏。其实觉得挺没意思的，自己一把年纪了……还是去安静的酒吧跟朋友谈谈心、放放松比较合适。（凤珠）

我认为，酒吧这种享乐场域具有性别化年龄（何明洁，2009）的特征，在访谈和田野观察中，酒吧中的女性绝大多数看起来是十分年轻的，而男性的年龄跨度较大。思思和陈晴才21岁，却都对年龄十分敏感。思思谈到了自己对适合去酒吧玩的年龄的看法。

　　如果看起来不是妈妈就可以去……男生没关系啊，只要事业有成，不管怎么样都找得到女朋友。但是对女生来说，没有青春很多东西就没有了。（思思）

陈晴也谈到如果年纪大一点去酒吧的话，"年轻的女性会让我感到压力，因为感觉自己已经不属于那里"。思思和陈晴的看法正回应了默克罗比所说的，享乐本来是男性的特权，现在女性也有这个权利，但只是暂时的（McRobbie，2007）。从本书的材料来看，只有年轻的女性才拥有这种享乐权利。

去音乐更动感嘈杂、人员流动性更强的闹吧、夜店喝酒、蹦迪是一些更年轻的女性的选择，相较于在清吧跟熟识的朋友安静谈心，释放自己、交新朋友、寻求刺激、寻求身份认同是她们去闹吧、夜店的意义所在。舒影是一名大学生，22岁，目前在一家公司实习，已经不住在学校宿舍中了。舒影在十七八岁跟父母出国旅游的时候就跟着父母去过酒吧，感受过泡吧的乐趣，后来上了大学就自然而然继续去酒吧玩了。

> 工作一个礼拜很辛苦，或者读书一个礼拜很辛苦，那周末就出去玩啊……如果我去酒吧，就会很精致地化个妆，然后我就会有种感觉，我在体验不同的生活……其实我也有很疯狂的时候，可以说非常疯狂。我刚分手的时候，每周都会去酒吧，因为在酒吧里可以认识到很多很帅很有意思的人，然后我这个时候就想要多认识这样有意思的人以打击我男朋友。那个时候真的就是寻求刺激，寻求那种两性关系，或者说寻求别人对你的爱慕，来找自信……我是那种需要外界给我认可的人，恰好我在酒吧里面可以找到这种感觉，别人找我要微信，别人夸我漂亮，我会觉得寻求到自信了。我会非常想要这种在酒吧里面寻求刺激的感觉……反正就是想要刺激一点，满足感。（舒影）

> 我觉得能去酒吧的一般都不是那种很闭塞的人，不会是那种把自己关在"框子"里，让所有人都跟着他的规矩去生活的人。酒吧好就好在这一点，你可以看到各色的人。（丰研）

对于舒影而言，"泡吧"不仅是一个在辛苦的学习、工作之余解乏、放松的生活方式，亦是自己在两性关系受挫时寻求抚慰和刺激的地方。如舒影和丰研所说，在酒吧中，城市中的年轻女性可以摆脱日常生活、工作中的"条条框框、一板一眼"，从传统的异性恋规范框架中暂时解脱出来，她们可以迅速认识很多新的朋友，一起聊天、喝酒、跳舞，释放自己压抑已久的情绪，如果彼此都觉得"有感觉"，就可以接吻，甚至一起回家，满足彼此的生理和心理需求。在绚烂的灯光、动感的音乐和酒精的作用之下，酒吧成了一个临时的、局部的空间，它唤起了跨越日常限制的阈限空间，在这个空间内，充满活力、乐趣的可能性代替了重复的日常生活带来的无聊感，尽管无法脱离日常生活，但它指向了一个超越日常生活的世界，一个替代日常生活的世界（Grossberg，1997）。

随着高等教育的普及化、鼓励"晚婚晚育"政策的推行和社会经济的发展，这些年轻女性都是未婚状态，处于学习、实习或者工作阶段，正享受着所谓的"延长的青春期"（extended adolescence）（Bailey，2012），享乐式生活时期很长。要么有来自家庭的经济支持，要么有自己的工作收入，她们都有一定的消费能力去酒吧休闲享乐。如学者所言，由于经济、社会独立和没有家庭责任，现在的年轻女性较有闲暇时间跟朋友一起去酒吧玩乐放松。这些年轻女性在某种程度上可以被描述为享乐主义者（Hollands，1995；Jackson and Tinkle，2007）。

然而，不管是为了放松、释放、交朋友、寻求刺激，抑或是寻求身份认同，酒吧并不被认为是一个正常的"社交场所"，这是国内酒吧与国外酒吧区别较大的方面。丰研是一个从其他高校到夏市交流的学生，目前已经决定从国内休学，前往欧洲重新读大学，尽管在夏市酒吧认识了许多"玩得比较来"的朋友，但她仍然认为在酒吧不会有真正的朋友。

可以交到（朋友），但是因为你们见面的场合就只限于酒吧，不会说去其他地方，私底下不会见面，因为没有

那么多共同语言。我很少会在酒吧认识那种很真心的朋友，大家都是在那里玩啊。（丰研）

叶娟目前亦是大学的本科在校生，七八岁时就跟父母去过酒吧，从高中开始会自己去酒吧，对她来说，酒吧就是一个"娱乐、释放"的场所，她将去酒吧玩和生活分得很开。

我是玩就是玩，生活就是生活……当我去夜店的时候，我觉得那个空间相对意义上是要彻底自由的，但是有些情况下，比如说男朋友在那边的话，我可能有点施展不开，我就没有办法玩得很尽兴。（叶娟）

综上所述，去酒吧玩通常是年轻女性尝试暂时抽离日常生活的休闲享乐方式，或者说是一种有别于日常生活的生活方式选择，以应对学习、工作、生活上的焦虑和压力。

问题在于，追求休闲享乐通常是在严格的文化限定范围内进行的（Gusfield，1987）。如前所述，这些进入酒吧的年轻女性不仅是属于夜晚经济时代的消费主义者和享乐主义者，同时也是身处特定的性别文化历史发展中的个体。虽然去酒吧玩的年轻女性经常将自己或被酒吧营销、社交媒体描述为时尚、迷人、独立、乐于享受休闲的新女性，在酒吧的休闲消费也在某种程度上成为一个对年轻女性更友好的放松、释放、交朋友、寻求刺激、寻求身份认同的生活方式，但是对这些年轻女性而言，酒吧在某种程度上仍然等同于危险、脆弱和失控，需要提高自我保护意识。这是因为，喝酒、去酒吧玩一直是一种男性主导的休闲活动，与传统性别观念中的女性气质是背道而驰的

（Day et al.，2004；Brooks，2008）。

总而言之，我们不能仅仅关注新闻媒体中有关女性泡吧所引发的社会问题的相关报道，也不能仅仅关注当代年轻女性选择泡吧这种休闲消费方式的自由和积极意义，还应该关注这种休闲消费活动所处的消费文化语境和性别化特征，进一步探讨这些年轻女性如何协商酒吧文化对她们的性别化期待及其可能带来的风险，以及社会主流对女性泡吧、饮酒的性别化的刻板印象。

第二节　协商：新、旧女性气质间的摇摆

市场经济的发展、社会治安状况的改善、酒吧行业本身的变革、社交媒体的发展和个体休闲需求的增加等因素的叠加使得越来越多的年轻女性走进酒吧。然而，传统的性别文化显然仍在对女性进入酒吧、享受酒吧休闲产生影响，泡吧是一种高度性别化的休闲享乐方式，其性别化特征不仅体现在酒吧内部，亦体现在社会主流对酒吧的观感中。一方面，传统性别权力关系仍然存在于酒吧中，从某种程度上来说，男性是酒吧主要的消费力，是凝视的主体，而女性则是"酒吧的第一生产力"，是被消费的客体；另一方面，社会主流仍对泡吧存在性别刻板印象，对泡吧的女性普遍持负面态度，这给进入酒吧的年轻女性的泡吧过程和日常生活都带来了压力。

国外学者认为，酒吧等夜间经济场所的"女性化"不仅可以被理解为一个试图改变性别关系，扩大女性进入公共空间、享受休闲的权限的尝试，也可以被讽刺性地理解为以年轻、单身的女性作为特定目标的市场开拓（Chatterton and Hollands，2003）。因此，尽管酒吧被概念化为一个能够体现女性的享乐、赋权、性能动性、独立的场所，但它仍是一个高度性别化的场所。在这个场所中，女性的身体呈现和相关实践被期待能够遵循特定的符合异性恋规范的女性气质，强烈的异性恋化的互动在酒吧中被正常化并得到鼓励，这能够满足部分女性寻求性接触的需求，却也带来了许多她们并不想要的关注或性接触（Skeggs，1997；Leyshon，2008；Becker and Tinkler，2015；Fileborn，2016；Tinkler et al.，2018）。

在本小节中，我将关注年轻女性在酒吧中的休闲、享乐，以及她们如何表达和解决在休闲享乐过程中面临的紧张、冲突等。具体而言，我将关注这些进入酒吧的年轻女性如何通过身体呈现、酒精消费、互动实践等迎合或挑战酒吧文化对她们的传统的性别化期待，以便能在酒吧放松、休闲、享乐和寻求刺激的同时，应对自身所展现出来的（非）规范的女性气质可能招致的性暴力、性侵和性骚扰等威胁。

身体呈现："展现自己的女性特征肯定就是有性暗示"

进入酒吧的年轻女性既将自己定位为时尚精致、独立自由、纵情享乐的新女性，又不自觉地迎合着酒吧对她们的性别化期待，以高度性别化的方式打扮自己，并主动承担起可能与之相伴随的性暴力、性骚扰等风险以及应对可能的污名。

对于作为酒吧"生产力"的女性而言，她们通常需要将自己打扮成能够吸引男性的性感、成熟的样子。奕欣是一名在读硕士研究生，对调酒特别感兴趣，并且由于经常一起玩的朋友都是喜欢聚集在酒吧的外国人，所以她也常常光顾酒吧。谈及去酒吧的装扮，我的受访者们都颇有心得。

（多会穿）裙子，而且是比较修身的衣服，不会是宽松的那种，另外就是女性化一点，不是中性化，妆可以稍稍浓一点，口红可以比平时深一点。配饰要戴起来，比如耳环这些。（奕欣）

一般打扮得比较成熟一点，穿个小裙子什么的，看起来性感点，就穿得比较少一点……在酒吧大家都是这样子，你穿得太多别人才会觉得你奇怪，（觉得）你怎么穿这么多，酒吧里面的女生大部分颜值还可以……在酒吧这种地方我觉得就是应该打扮，男生可能也会觉得在酒吧的女生应该就是要打扮得性感、漂亮一点。（陈希）[1]

对于身体呈现的管控是展现特定女性气质的关键（Nayak and Kehily，2006）。通过"穿小裙子"、"穿得比较少一点"、穿"比较修身的衣服"等着装方式裸露部分身体或凸显身材，以及化浓妆、佩戴首饰等是展现成熟、性感、女性化气质的关键所在。

从材料来看，这种比平时，或在其他地方更性别化的女性气质是大多数受访者认为自己和其他女性在酒吧中所应该呈现的，亦是酒吧中男生对女生的期待，而迎合这种期待也已经成为一种非常自然的、常规的步骤。

薇羽是个"00后"，来自北京，高中就开始去酒吧玩，目前是一名大一的学生，有一帮经常一起去酒吧玩的朋友，就像

---

[1] 部分访谈资料因其分析适用性，会重复出现在不同章节的论述中。——笔者注

她说的，"我觉得大家可能平常的时候都不这么穿，不这么打扮，只有在去（酒吧）玩的时候才变成另一个人"。当高度性别化的身体呈现在酒吧变成一种常态，它会使那些不选择这种呈现的女性在某种程度上变成酒吧场域中的"越轨者"，就像陈希说的，"你穿得太多别人才会觉得你奇怪"。

对于在酒吧中的高度性别化的身体呈现，奕欣表示并不是为了男性，而是为了自己开心，是一种自我满足。

> 我不在意他们怎么看待我是什么样的形象，我得到的是自我满足，就是如果他注意到我了，甚至想过来"勾搭"我，那说明我今天漂亮，就这么简单，我就开心，这是人对自我满足感的一个需求……到了那个场合，你总会希望的，每个人都这样。（奕欣）

凯丽和静琳来自有着丰富饮酒文化的地区，她们从很小的时候就开始喝酒，颇有酒量，现在都是酒吧的常客。她们同样认为在酒吧中的打扮是为了自己开心，但是她们也明确表示如果能吸引男生的目光、"被搭讪"的话会很开心，因为这是对自己的"认可"。

> 会有意识地穿得稍微偏成熟、性感一点，（希望自己）至少是有魅力的，可以吸引到男生的眼光。可能不是为了去吸引别人，但是如果吸引到别人也是很开心的。（凯丽）

> 一方面会觉得会吸引到很多（男生）的目光吧，另外一个方面也会觉得你是让自己开心一下，就是妹子们多

　　多少少会感觉被搭讪是一种对自己的认可，类似这种。（静琳）

　　这种让自己开心和让别人欣赏自己其实是一枚硬币的两面，是女性自我客体化为被自我和他人共同凝视的对象的过程。自我客体化是女性身体研究中的一个重要概念，认为女性总有一种被看的感觉，这导致了从外部来看自己身体的共同体验，看自己是否符合性吸引力的异性恋标准，这种标准只关乎身体（转引自 Adamczyk，2010）。从材料中可以看到这些受访女性在某种程度上的自我客体化，她们将自己的身体作为自身和他者凝视的对象，吸引男生的目光甚至"搭讪"能够让受访者确认自己的异性恋吸引力，并因此感到开心、自我满足。国外研究发现，在高度性别化的女性气质被期待的酒吧中，女性可以通过增加女性气质来吸引男性，进而感受到自身的价值所在，这会让一些年轻女性感受到个人赋权和社会权力（McRobbie，2007；Nicholls，2017；Waitt，Jessop and Gorman-Murray，2011）。

　　但是进入酒吧，要呈现高度性别化的女性气质，就意味着女性接受或者想要来自男性的注意，这样也就必须承担勾起或者鼓动男性欲望，进而招致不想要的关注、搭讪甚至性骚扰、性侵犯等的风险（Nicholls，2017）。

　　如果你穿得很乖的话，这种其实也不容易被搭讪。很乖就是普通，普通的话就是没有那么 drama，没有那么夸张，比如就一个 T 恤啊，牛仔裤、运动鞋之类……然后穿得比较好看的、闪亮的、夺目的女生，出发点就不一样……有些呢

> 她可能的确是想通过吸引一些异性来展现自己的魅力……夜店是个很原始的场，如果（你）穿着性感，有些人的确会想到很深层的东西，因为穿得性感会比较容易惹眼，得到的关注度会比较高。（叶娟）

呈现高度性别化的女性气质意味着女性接受或者想要来自男性的注意，相对应地，拒绝异性恋的、主流的着装规范就提供了一种拒绝男性凝视和骚扰的方式（Krakauer and Rose，2002）。如果在酒吧中想要规避鼓动男性欲望，进而面临不想要的被关注、搭讪甚至性骚扰、性侵犯等，那么在身体呈现上的选择就是尽量掩盖"女性特征"。薇羽就谈到如果要跟一些年纪比她大得多的学校外的朋友去酒吧玩会"提前做好准备"。

> 我穿得就会比较土，怎么土就怎么穿。然后就极力表现成自己就是个学生，掩盖自己的女性特征，说话的时候嗓门也比较粗……（因为）展现自己的女性特征肯定就是有性暗示。（薇羽）

在薇羽看来，穿得土、极力表达自己的学生身份、说话粗嗓门是用来掩盖自身女性特征，使自己"不可见"，进而规避男性关注的方法，因为展现自己的女性特征等同于性暗示，暗示自己接受被男性搭讪、被注意，甚至愿意在性上有更进一步的发展。如学者所言，"不可见"可以被视为一种暂时的休息，也提供了从自我监督的需要解脱出来的自由（Skeggs，1999）。这样看来，决定是否会被注意、被性骚扰甚至被性侵的控制权似乎掌握在女性手中，她们要控制可能被她们挑起的男性的欲望，否则就要承担可能产生的种种后果（Rudolfsdottir and Morgan，2009）。

总而言之，如学者所言，通过身体呈现特定的异性恋化的女性气质同时被视为安全和风险的来源（Nicholls，2017），受访者经历和体验着展现特定的异性恋化的期许、压力和欲望，但又必须确保自己看起来不是在鼓动男性欲望，以免招致安全和名誉上的风险。

然而，受访者们也并不都完全服从酒吧对年轻女性的性别化期待。在一些情境中，受访者会尝试抵抗"高度性别化"的身体呈现。芬芬是一名在读硕士研究生，有着丰富的酒吧玩乐经历，在一次晚上出去玩的经历中，芬芬被女性朋友多次要求脱掉穿在外面的一件罩衫，只穿里面的修身吊带裙，这让她感到"不舒服"。

> 我朋友让我脱掉，我就觉得不太舒服，当时可能去了不到半个小时吧，就走了。（问：为什么会觉得不舒服？）一个是我穿那样我觉得不舒服，我自己不太喜欢在所有人面前那样穿，如果在宿舍在家里就无所谓，但在别人面前我不太喜欢那样的自己……我个人非常喜欢在性感的夜店穿得很可爱，在可爱的夜店穿得很性感，因为好像在那些场合，你希望你不一样，毕竟（大家）找的是突出的、个别的人。我会非常放纵地想怎么穿就怎么穿，享受这种眼光，即使没有人来跟我搭讪，自己蹦也很好……（这件事情）让我感觉不舒服，可能是因为我不太想去适应这边的规则。（芬芬）

从材料来看，正如国外学者所说，对女性的监督与规训很多时候是由其他女性来承担的（Burgess，1998）。正是这种监督和规训使得之前的受访者所谈到的由于着装"吸引到男性的注意"的开心，变成了这位受访者芬芬口中的"不舒服"的感觉。如 Qian（2014）所言，被赋权的感觉是在女性对自身自主权的宣称中引发出来的。因此，尽管芬芬去酒吧也会做高度异性恋化的打扮，但是她并不喜欢被"指手画脚"，因为这不符合自信、独立的自我期待。

事实上，自信、独立、高度性别化等在酒吧中被期待的女性气质是一个既充满约束，又充满可能性的矛盾空间：女性似乎获得了一种由"对自己的性吸引力的认识"所赋权的女性气质（Gill，2009），但这也使她们成为他人的视觉消费对象，即使这样做符合她们的"自由利益"（liberated interests）（Gill，2009）。也许正是这个原因，绝大多数受访者在酒吧中仍然需要进行大量的有关身体呈现的协商，通过呈现或者拒绝异性恋的、主流的着装规范引起或者拒绝男性凝视和关注。

对于大多数受访者而言，有风格、有品位，或者"酷"的打扮是她们更青睐的。不仅如此，根据她们的说法，这种风格也颇受男生欢迎，尤其是学生群体。

> 喜欢的就是那种酷的，穿搭也很好看的。（舒影）

> 大家都觉得好看，那（就是）好看，各有各的好看的种类和方法。我的接受度还挺广的，我都觉得挺好看的，我的好看就是不管穿哪种风格，只要你能够极致地体现那种风格的美，我就觉得很棒。但是其实"露"不一

定是性感，"不露"也未必不性感。（叶娟）

我觉得关键是一个人的气质还有她的审美……你穿得酷一点，吸引到的就是学生，如果你穿得性感一点，比如说我跟特别喜欢认识年龄大一点的人的那个朋友一起出去玩的时候，就会穿得稍微女人一点，就不会那么孩子气，对，可能就与有的时候遇到的人有关系。（白妮）

如材料所述，在面向不同的场所、人群的时候，受访者可以在不同风格之间切换。时尚、有品位、"酷"的打扮也许并不完全符合酒吧的性别化期待，但其在酒吧中更受欢迎。问题在于，不同风格的切换以及所谓的审美和品位通常意味着经济资本，甚至符号资本的差距。我国台湾学者杨芳枝认为，在流行文化生产与消费领域，性/别身份的构成与人们的消费能力密不可分，边缘者在流行文化领域的正面能见度是建立在她们的消费力基础之上的（杨芳枝，2017）。对于那些自身有消费能力的女性而言，她们无须迎合酒吧性别化的期待，却能在酒吧中更受欢迎的原因在于，她们拥有消费文化趋之若鹜的资本。李芸家经营车行，她自己是个到处旅游的婚纱模特，她的男朋友一个月也会给她四五万元的零用钱，就像她说的，"我觉得不一定跟男孩子出去玩，我自己有这种消费能力，我可以自己出去玩"。然而，正如默克罗比（McRobbie，2004）和斯盖格斯（Skeggs，2005）所说，这种女性之间的分化源于布迪厄所说的符号暴力所创造的新的阶层分化和阶层斗争，而缺乏变化并不是个人的内在缺陷。

喝酒："把握住那个度就好了"

在政府的鼓励、支持和酒吧行业越来越明确的市场营销策略的影响下，加之现在的城市青年都有着较长的青春期、一定的消费能力，他们有更多参与酒吧休闲享乐的机会，有关于酒的种类、喝酒的地方和喝酒的时间的多元选择。不仅如此，传统的限制饮酒的规范和价值观也被西方新自由主义关于个体、自由、选择等价值观瓦解了（Measham and Brain，2005）。酒精一直被描述成夜间经济最重要的点（Hobbs et al.，2000），它让年轻人冒险、享乐和放纵（Winlow and Hall，2006）。然而，城市青年的饮酒实践既是受到鼓舞的，也是需要谨慎协商的，尤其对年轻女性而言。

国外研究表明，在酒精影响下，一方面，女性会感觉自己更有能力去影响他人，矛盾地被一种相对无力（powerlessness）的状态所赋权（empowered）（Qian，2014）。因为喝酒之后意识不到自己的安全问题，所以变得更加大胆、自信（Sheard，2011）。另一方面，酒吧中的年轻女性会担心由于受到酒精的影响，而无法控制自己的思想和身体，陷入脆弱和被攻击的危险境地，因此会控制自己的饮酒量（Sheard，2011）。

> 我觉得酒精在这种场合里更多是发挥催化剂的作用，让大家变得更诚实、更坦诚、更嗨、更沉醉。（芬芬）

> 我酒量不是很好，每次都喝但都不会喝高的。我会控制，我喜欢那种有点脸红、轻飘飘的感觉，但是我不喜欢那种摇摆啊、站不直的感觉……我不会喝那么多。我不会

提前想好喝多少，因为我根本就不会喝那么多，我喝到一个量就不会喝了。当我脸红心跳的时候，我就知道状态到了，可以了，就会停下来。因为我不想有危险的事情发生。（丰研）

酒精对人体的作用既有可以让大家变得"更诚实、更坦诚、更嗨、更沉醉"，却也可能有因为无法控制思想和身体而让"危险"发生。关于"药奸"（drink spiking）等一些坊间流传的"都市传说"是受访者认为在酒吧喝酒危险的另一个关键因素。

一个是饮料，酒，喝的东西……我没见过下药，但是带我去的女生都有提醒，一方面是直接语言的提醒，就是"你不要喝别人的酒、不是我给你的酒"；另一方面就是比如你去卫生间，你把啤酒瓶递给她，她会一直握在手上，绝对不会离开她的视线，这两个方面就让你觉得这个地方不是完全的安全。（芬芬）

受访者对于"下药"和所喝的酒的审慎显然是性别化的、与性侵的担忧相关。对特定事物（下药、酒）的担忧取代了对潜在的施害者（男性）的担忧，女性并不是怕被下药和喝酒，而是怕男性会利用下药和酒来伤害她们（Sheard，2011）。"没见过下药"与相应的诸如"语言提醒""不喝别人的酒""让朋友管好自己的酒"等安全策略表明了女性高度的危险意识与被下药的概率其实并不相符，这指向了 Stanko（1995）提出的这样一个事实：性暴力是身为女性所需要考量的一个核心元素，女性在大范围的日常普通生活中经历着性暴力，女性高水平的担忧因为过于普遍而成为合理的了。

因此，城市青年的饮酒实践是受到鼓舞的，但也是需要谨慎协商的。控制自己的意识和行为、避免来自陌生人的伤害和过度喝酒对身体造成的不良影响是这种协商的目的所在。

> 我对自己饮酒这方面的把控还是很清楚的，就是我大概知道我能喝多少，我喝多少可能会达到一个什么样的状态，所以基本上我出去喝酒，从来没有出现过让自己喝到不清醒或者怎样的，就是我一定要去把控，最多就是让我觉得有一点头晕，但是我的意识、行为都是清晰和可控的，这种情况下我就不会再继续喝了。跟朋友出去是不可能不喝酒的，不然就不会去了，但是只要把握住那个度就好了。（叶娟）

> 我是知道度的，虽然说我很逞强，但是一般我觉得我不行了，要么撤，要么没人送的话，就说"我休息一下，你们走的时候叫我一下"，我就不喝了，看着她们……第二天可能会有点不舒服，本身喝酒嘛可能头会有点痛，但是平时我们都还挺开心的，时间我们一般掐得蛮准的，（凌晨）1点就撤。大家也都是非常有度的，不会喝多，男生也是，就是我们喝完这个就撤。所以我还蛮喜欢跟他们去玩的。（凯丽）

> 对，因为我不是喝很多的那种，而且要是别人过来敬酒的话，我就抿一小口，有时候他们会想灌你酒，我就会

说我胃不好，胃出血……我的原则就是在喝酒这块会特别注意，如果是熟人过来跟我喝酒，那我肯定就是一点也不含糊，然后我要是在外面喝酒，陌生人敬酒肯定就是喝一小口，反正喝酒就是这样。（薇羽）

对于喝酒的"度"的把握不仅源于受访者对自身身体状况的考量，更源于受访者对社会主流关于两性饮酒的刻板印象和双重标准的意识。凯丽和奕欣进一步谈到了自己不喝醉的原因。

女生在现在的社会还是处在弱势，女生喝多比男生喝多还是很不安全的，然后很不好的一个点就是，大家对喝多的女生稍微会有点偏见。所以出于一种自我保护的心理或者意识，我觉得女生最好还是有自己的度。男生喝多，我也很讨厌，但是他们没有那种要考虑安全的需要，他们可能就是开心喝多了，但是女生喝多的话会有很多不一样的眼光……喝醉的女生就会被觉得比较随便一点？或者是不那么有保护自己（的能力）。（凯丽）

不要喝醉，在外面，不要随便喝酒。第一，女孩自己在外面这样（指随便喝酒）不太好，显得就是一副很bitch的样子，第二就是那样子容易醉，醉了之后发生了什么就不安全了。（奕欣）

在酒吧中，喝酒是所有受访者都需要特别谨慎对待的事情，把握好喝酒的"度"是必需的，因为超过特定的"度"

即意味着失去对自身意识、行为的控制而将自己置于危险之中，进而招致"随便""出格"的指责和"不一样的目光"。得体的女性气质一直与风险和体面相关（Campbell，2005），女性承担着保护自己安全的责任，如果她们不遵守得体的女性行为规范而让自己处于危险的境地就会受到谴责和疏离（Brooks，2008）。过度的饮酒实践显然不符合得体的女性气质标准，受访者对喝酒的"度"的把握是对自身的自我管制和自我约束，是对自身女性气质的协商。

不过，在当前的"高空派对场"中，也不是所有的受访者在酒吧都会喝酒。

> 刚开始去的时候都是喝酒，这样的话就更容易晕，后面是因为真的喜欢上那种音乐，完全就是过去放松了，就是喜欢听那个音乐……你去多了酒吧，就可以这样子。跟我一起经常去的那些女生她们都不喝酒的，真的就是只爱听那个音乐，只爱蹦迪。酒不怎么好喝……现在大部分去酒吧的女生也不一定说是爱喝里面的酒，里面消费其实蛮高的。（陈希）

> 我不需要喝酒，而且如果没有熟人的话（就不会喝）……有熟人的时候我也很少喝酒，我不喜欢喝酒，我的肠胃不太能受刺激。我本身不算很喜欢喝酒。而且我觉得酒精在这种场合里更多是发挥催化剂的作用，让大家变得更诚实、更坦诚、更嗨、更沉醉。我不需要这种东西就可以让自己进到那种环境当中去。（芬芬）

对于经营"高空派对场"的酒吧而言，各种针对女性的优惠是为了吸引更多女性进入酒吧，增加酒吧的"美女人气"，进而刺激男性消费。因此，如陈希这种热爱电音、喜欢蹦迪并且不爱喝酒的年轻女性无疑亦是酒吧最青睐的玩家群体之一，因为她们可以为酒吧制造"氛围"。

女性的饮酒实践一直被描述成对女性气质的威胁（Day et al. ,2004；Meyer，2010）。尽管有些学者将饮酒视为女性赋权、享乐和社交的关键（Sheehan and Ridge，2001），但是，在酒吧中的女性都需要通过表现自己在饮酒上的自我监控和自我约束以确保自己符合传统的女性气质规范（Measham，2002），维持自己的体面，同时又谨慎地保障自己的安全。这些年轻女性基于饮酒实践对自身女性气质的协商恰恰表明了女性气质的不稳定和所面临的困境，体现的是尽情饮酒享乐、社交下新的女性气质与自我约束以保障自身安全且维持体面的传统女性气质之间的矛盾。

互动实践："原始"的性别互动

如前所述，酒吧是一个"性别化"的"原始"场域，欲望和危险同时被激活。随着社会治安的改善和酒吧行业生态的净化，加之消费群体"素质"的提升，酒吧越来越成为一个面向普通大众的休闲消费场所，那种赤裸裸的凝视与被凝视、主体与客体的传统性别权力关系变得相对隐蔽，但仍然存在。从材料来看，受访者不仅要通过对自身的身体呈现和饮酒的控制与约束来协商自身的女性气质，还要处理在酒吧中高度"性别化"的两性互动及应对自身所展现出来的规范的女性气质可能招致的、不想要的来自男性的关注、性骚扰和性侵等威胁。

如何在酒吧的性别化互动中既享受、感受自身的欲望、快乐，又谨慎地保障自身的安全和维持体面是受访者所需要协商的。

1. 乐趣：对生理和心理需求的满足

除了放松、休闲和对电音、蹦迪的热爱，酒吧亦是受访者表达性欲望、寻求抚慰和刺激的地方。在酒吧绚烂的灯光、动感的音乐和酒精的作用之下，城市中的年轻女性可以摆脱日常生活和工作中的"条条框框、一板一眼"，释放自己压抑已久的情绪。她们可以迅速认识很多新的异性朋友，一起聊天、喝酒、跳舞，如果彼此都觉得"有感觉"，就可以接吻，甚至一起回家，满足彼此的生理和心理需求。

根据叶娟的说法，"夜店（酒吧）恋情"就是彼此都觉得"有感觉"的年轻男女寻求两性关系的抚慰和刺激的典型，其特点就是有"比普通人之间更亲密的肢体接触"，甚至发展到"一夜情"，但是这种恋情"只在酒吧内，出去之后就谁也不认识谁"。林悦和舒影进一步分享了自己的经历和见解。

> 酒吧就是，只搞暧昧不谈恋爱。我也是喜欢那种"夜店咖"嘛，但是"夜店咖"呢就比较危险，太渣了，就是你可以跟他玩，但是可能谈恋爱就……啧……（林悦）

> （问：你怎么看待一夜情？）你们只是一起做了一件比较亲密的事情，但是你的生活要回到正轨……很多情况不是有目的地去酒吧，而是刚好遇到这个人，我们聊得很开心，ok，我们想要 have fun（找乐子），你在双方认可的情况下是可以的。（舒影）

受访者对于在酒吧中的两性关系都有着清醒的认识，就像受访者叶娟总结的，大家"都只是玩一玩"，"玩就是玩，生活就是生活"。因此，在某种程度上，受访者对于在酒吧中两性关系的性质有共识。

不仅如此，对于如何发展酒吧中的两性关系，酒吧亦有相应的互动潜规则，受访者们通常也都有颇具能动性的策略。

> 通常男生去一桌搭讪呢，百分之六十以上是因为那边有人曾经释放给他一种他觉得可以来搭讪的信号，比如说互相看了很久，或者说多看了几眼，或者是有微笑之类的。（叶娟）

> 如果有喜欢的男生，可能会比较积极地展现出自己女性的一面，比如说坐姿啊，或者说是动作啊……如果没有自己喜欢的男生的话，或者说有男生喜欢你，但是你不喜欢他的话，可能就会把自己放在一个性别角色比较中性的位置上，就会大大咧咧啊，比较爽朗，讲话声音比较粗啊。如果说有自己喜欢的男生的话，就会比较妖娆啊，或者是可爱啊，讲话声音会比较细啊，对我自己来讲会有这种区分。（芬芬）

正如前一章所述，酒吧文化可以被描述为一个在转型社会的语境中，以休闲享乐为目的建构起来的想象社群的一套自身的语言和规则。年轻男女不仅对在酒吧中发展两性关系存在共识，对如何建立关系亦有潜规则。不仅如此，受访者在实践这些潜规则和发展两性关系的过程中都发挥着极大的能动性，她们可以通过眼神、笑容的交流甚至通过对自身性别气质的调整来否定或争取想要的关系进展，进而表达性欲望，寻求抚慰和刺激。这些年轻女性对性别气质的协商实践十分具有颠覆和反思性，正如巴特勒所提的"性别操演"（gender performativity）概念所说，性别的所谓"内在本质"不过是通过一套行为模式对身体进行性别化的结果（巴特勒，2009）。

通过对酒吧中"搭讪"的互动潜规则的把握和颇具能动性的女性气质的展现，受访者可以通过有策略地表现（不）符合传统的性别期望的女性气质，进而（不）吸引男性而感受到自己被赋权。尽管在很大程度上，女性依然是等待被男性"搭讪"的被动的一方。

2. 对酒吧"不安全"的感知：作为"被猎食者"的存在

如前所述，酒吧是一个"性别化"的"原始"场域，符合异性恋规范的高度性别化社会互动在这里受到拥护和实践。然而，尽管年轻女性也有机会在积极的性表达中获得乐趣，但在很大程度上，男性仍然是相互竞争的、积极的"性捕食者"，而女性则是被动的"被猎食者"（Kavanaugh，2013）。女性必须接受某种程度的性骚扰亦是这个场域中的潜规则之一。

大多数受访者认为酒吧不是一个安全的地方，需要随时保持警惕和进行控制。值得注意的是，从受访者提供的材料来看，她们更关心的是性安全，而不是身体安全，这源于对社会治安和酒吧安保的信心。

> 不安全也会有。你去多了就知道了。有的女生比较少来（酒吧），就不敢声张，不敢说。（陈希）

夜店有（性骚扰），蛮多的。大家会在前头蹦嘛，蹦一蹦，就会有人蹭到你旁边，然后就一起玩，然后可能会要你微信，或者说你坐在吧台，就会有人过来，和你一起喝喝酒。（白妮）

如果一个男生对你抱有太大的目的性，他一上来就会开始对你做那种动作，比如开始搂你腰啊搭你肩……但是跳舞就另当别论了，我说的是一上来就开始搂你腰搭你肩，这个不太妥，你要先跟我聊几句吧……我觉得简单地牵牵手，你搭在我肩上（可以），但是有些真的很过分，跳着跳着摸你屁股，或者想要借机亲你……（问：这种情况很多吗？）很多，非常多，碰到过很多次。我还没有跟他跳舞，他就在后面撩我头发，就想要亲我……（舒影）

从访谈材料来看，被男性"蹭来蹭去""要微信""搂腰搭肩"，甚至"摸屁股""亲"等性骚扰在酒吧中是十分常见的，这与国外学者研究发现一致，酒吧是一个高度性别化的场所。在酒吧中，不想要的性接触非常普遍和正常，男性和女性之间的互动也都是高度性化和异性恋化的（Corteen，2002；Kavanaugh，2013；Nicholls，2017）。对于女性而言，这些与"掠夺性"的男性之间的互动会带来令人振奋的可能性（Qian，2014），但也使女性不得不忍受约束和不便（Waitt，Jessop and Gorman-Murray，2011）。对于大多数受访者而言，相对于"不敢声张，不敢说"的其他女性，她们都有着很多应对性骚扰、保障自我安全的措施。

3. 应对：享乐与风险之间的协商

在我进行的访谈中，绝大多数受访者在酒吧中都有被男性性骚扰的经历。对于受访者而言，酒吧中来自男性的关注、搭讪甚至性骚扰是泡吧过程中难以避免的一部分，也是女性对于酒吧的不安全感知的主要原因。在不同的情境中，年轻女性有不同的策略，以协商互动中享乐与危险之间的平衡。对男性潜在的恐惧导致女性需要并且被期待可以随时保持警惕和自我保护以预防和控制各种情况（De Crespigny，2001）。在这部分中，我将呈现女性在酒吧的互动中遭遇到的种种情况，以及她们的应对策略。总体而言，这些策略可以总结为寻求外界帮助、自身应对两个方面。

同行男性的帮助，女性之间的结伴、相互照顾是受访者寻求外界帮助的主要策略。男性是女性对于酒吧的不安全感知的来源，但很多时候亦是她们安全感的来源之一。

> 因为现在夜店里都是开放性厕所嘛，那种公共的，男女一起，出来洗手的时候，有一个大叔应该是喝多了，他就直接这样想搂我过去，那个时候正好我的一个女性好朋友的男朋友在，就过来帮我挡了一下。再有一次是，就在M吧，也是在厕所门口，我一进去就有个男的想要我微信嘛，大概年纪40岁，然后我也没给，我都是叫男性朋友一起去上厕所……（林悦）

从材料来看，男性朋友、男朋友或认识的男性代表安全，而未知的、陌生的男性则代表潜在的风险或危险来源，这与国外研究发现一致（Ministry of Justice et al.，2013；Wattis et al. ,2011），这种对陌生危险的恐惧恰恰说明了女性在大范围的日常生活中所经历的高水平的对性暴力的担忧（Stanko，1995），这种担忧来自不同形式的男性暴力对女性造成的影响的累加所形成的"性暴力连续统"（continuum of sexual violence）（Kelly，1988）。将男性视为潜在的安全和支持来源的想法印证了 Day 等人（2003）的发现，即使是那些认为自己很坚强，能够在晚上外出时保护自己的女性，也可能继续接受更传统的女性气质和（异性恋）性话语的元素，将自己定位为脆弱的，在一定程度上需要男性保护的人。

　　然而，正如女性对陌生男性的恐惧可能是错误的（Ministry of Justice et al. , 2013），同行的、认识的男性也可能是危险的来源。

　　　　我怕我朋友想和我发生关系，就是有暧昧的那种，（朋友间）没有纯友谊……我有跟我那个调酒师朋友一起睡觉，但是没有实质性关系，因为他喝多了。后来他跟我说要不是喝多了我们俩就真的睡了（指发生性关系）……（问：所以只是因为喝多了？如果没喝多你会觉得有可能发生关系吗？）那样的话我会把他"弄死"，因为我跟他真的是八年都快九年的朋友，如果这样还想和我发生关系就太过分了吧。（林悦）

　　事实上，国外学者认为，自愿的饮酒行为更可能使女性陷入险境，喝多的女性最容易受到认识的男性的伤害（Horvath and Brown，2007）。

　　相较之下，女性之间的互助被认为更靠谱。De Crispigny

（2001）的一项对澳大利亚年轻女性的研究发现，在酒吧等夜间休闲场所中的年轻女性非常依赖朋友以确保安全，认为现在存在一个特别的年轻女性的酒吧文化——她们聚集在一起，没有一个男性。

> （问：女生之间有默契说要相互照顾吗？）对，这点是我很信任的，有时候我们去 R，四个女孩子一起去一起回，不要落单，而且如果有人被搭讪，她肯定会说我朋友在这边，任何情况下大家都是互相知道去向的。（问：如果你们的女生要跟人家走，你们会拦吗？）会拦，就会确认你清醒吗？你真的要去吗？跟我们一起回吗？再三确认……自己的圈子里都还是比较有默契的。一起去，一起回。（凯丽）

> 因为如果说在我喝得很醉很醉很醉很醉的情况下，她们是一定会把我带回家的。但是如果我是那种比较清醒，我知道自己在干吗的情况下，她们是让我去的（指跟男生回家）。……她们会跟我说你先考虑一下，你觉得合适吗、你真的喜欢他吗，之类的，会有一个协商过程。还有一个就是安全问题……她们会确保这一切都是在安全的情况下，让你去做的……如果跟白妮去的话，她还是会蛮谨慎的，就算她不会把我带回家，她也会一直追踪，在确认我是安全的情况下才会让我走。（舒影）

受访者所谈到的女性之间的结伴同行、相互信任、相互照顾建构起了一个能够有力应对陌生危险的互助网络。对陌生危险的集体恐惧和共同防备亦是女性在日常生活中所经历的高水平的对性暴力的担忧的显现。

相对于寻求外界的帮助，受访者认为自身更具体的协商、应对策略是保护自己，甚至其他朋友的关键所在。受访者自身的应对策略主要包括"非攻击性"的回避、拒绝、沟通以及颇具反思性、策略性的角色扮演。

> 如果是真的要蹭到你旁边的那种，我第一反应就是走开。（白妮）

> 如果我很不想要别人来搭讪，别人在看我的时候，或者说他那种注视并不是礼貌性的注视，我可能会瞥他一眼或者很凶地瞪他一眼，这个时候他可能会感到一些威胁或者感受到我的那种拒绝，所以他也不会再……这是一个交流层面的（问题）……让我觉得有一丝调戏的感觉的那类人呢，通常我就是冷漠，我连看都不看他，头都不抬，他站在那边我就像没有看见这个人一样，就很冷漠，然后瞬间脸就很严肃，很可怕的那种。一般人会觉得没意思，就走了……（叶娟）

> 装作我喜欢女孩子，过去亲我朋友脸，或者是过去把她搂过来，其实这个时候他们就不会想再来"撩"你。（舒影）

从材料来看，受访者对不想要的搭讪的处理主要采取"非攻击性"策略。当意识到来自男性的不礼貌的注视和调戏，她们表示会"走开""冷漠""连看都不看他，头都不抬""瞬间脸就很严肃"等回避行为甚至眼神上的接触，转移视线、分散注意力、避免可能使情况恶化的反应等消极的回避策略也是其他受访者在相同情况下的首选。国外学者认为，女性从小就被教导不去挑战来自男生的骚扰和欺凌，而是发展出进一步限制他们行为的回避策略（Reay，2001）。因此，消极的"非攻击性"策略是女性被期待使用的安全策略（Fileborn，2012；Tinkler et al.，2018）。这种消极的回避策略不仅能够确保女性自身的安全，其所展现出的防御性"冷漠"（aloofness）也是女性用以消弭其高度"性别化"的女性气质所体现出的"欲望"的策略（Northcote，2006）。另外，女性不仅可以通过在身体呈现上淡化"性别化"特质使自己变得"不可见"，展现与同性之间的亲密关系也是受访者使自己变得"不可见"（Nicholls，2017，2018）的策略。尽管在这些"非攻击性"的自我保护措施中，受访者某种程度上展现了女性作为受害者的防御性姿态，但是她们为了自己的目的而采取行动的可能性也是令人印象深刻的女性行动自由的体现（Pile，1997；Rose，2002）。

如前所述，酒吧是受访者表达性欲望，满足生理和心理需求，寻求抚慰和刺激的地方。"一夜情"是酒吧中年轻男女寻求两性关系的抚慰和刺激的典型。对于在酒吧发展"一夜情"的女性而言，与应对不想要的男性的关注、骚扰相对应的，接受甚至发展两性关系需要更具体、妥善的安全保障策略。与潜在的"一夜情"对象，以及与两人共同的朋友的"沟通"是她们确保自己在发展"一夜情"过程中安全的关键。

　　你跟这个人聊天，还有一些（接触时的）感觉，其实这些都是个人判断。我觉得我没有判断失败过，因为夏市很小，假如说我想跟这个男生回家，基本我的朋友中就会有人认识他，我就会去问这个人靠不靠谱，他们跟我说可以的，你可以跟他回去。所以其实可以问问朋友，这个人合适吗，可不可以之类。很多时候朋友的建议也蛮重要的。

　　（问：所谓靠谱指的是什么？）这个人是好人吗，他会带我做奇怪的事情吗，或者我安全吗……就是不要做那些，你懂啊，"黄赌毒"那种……我会提早问好，在做之前，如果你没有（准备安全措施用品）的话，我会自己去买。因为我觉得这不是一个很难开口的事情，如果你真的要做这样的事情，你一定要保护好自己。（舒影）

"保护好自己"是发展"一夜情"的必要条件，"聊天"、"感觉"、"判断"以及"问问朋友"是舒影判断"一夜情"潜在对象是否"靠谱"以保护好自己的关键。这些安全保障措施是舒影在寻求享乐、满足欲望的过程中管理和减轻风险的主动尝试，也是她将自己定位为脆弱的、弱势的和被动受害者的显现。这与国外研究发展一致，年轻女性通常拒绝将自己定位为被动的受害者，认为自己能够进行抵抗和反击，然而这种观点却也矛盾地肯定了女性既作为受害者，又作为自己的"卫士"的劣势地位（Hollander, 2002；Nicholls, 2018；Lindsay, 2012）。

　　相较于回避、假装喜欢同性和与相关人沟通等"非攻击性"的自我安全保障策略，芬芬通过更有弹性、更具反思性的角色扮演，策略性地从酒吧的性别化设定中获得享乐机会，同时规避风险。

> 如果有喜欢的男生，可能会比较积极地展现出自己女性的一面，比如说坐姿啊，或者说是动作啊……如果没有自己喜欢的男生的话，或者说有男生喜欢你，但是你不喜欢他的话，可能就会把自己放在一个比较中性的程度上，就会大大咧咧啊，比较爽朗，讲话声音比较粗啊。如果说有自己喜欢的男生的话，就会比较妖娆啊，或者是可爱啊，讲话声音会比较细啊，对我自己来讲会有这种区分。（芬芬）

对于"女性"或"中性"的策略性呈现是对女性气质有意识的调整，芬芬既可以通过展现"女性"的一面让自己有机会获得自己想要的两性互动，又可以通过"中性"的性别表达回避不想要的关注。

酒吧是一个"性别化"的"原始"场域，欲望和危险同时被激活，年轻女性要通过对自身的身体呈现、饮酒和互动的控制和约束来协商自身的女性气质，才能够在酒吧中的享乐与风险之间保持平衡。

第三节　小结

在本章中，我着重探讨了泡吧之于女性个体而言的社会意义，以及她们如何对新、旧的女性气质进行协商，感受、体验、参与建构这种"性别化"的酒吧文化。市场经济的发展、社会治安状况的改善、酒吧行业本身的变革、社交媒体的发展和个体休闲需求的增加等因素的叠加，使得走进酒吧越来越成为一个大众化的休闲方式。随着高等教育的普及化和鼓励"晚婚晚育"政策的推行，越来越多的女性享受着"延长的青春期"，处于学习或者工作阶段（Bailey，2012），且大多处于未婚状态。由于经济、社会独立和无须承担家庭责任，现在的年轻女性较有闲暇时间跟朋友一起去酒吧玩乐放松，这些年轻女性被描述为享乐主义者（Hollands，1995；Jackson and Tinkle，2007）。随着酒吧越来越成为一个面向普通大众的休闲消费场所，越来越多的年轻女性走进酒吧，这种新兴的城市夜生活在公与私、工作与休闲、性与爱之间做出了重要划分，重新规划了她们的生活方式。放松、释放、交朋友、寻求刺激、追求时尚的生活方式等是泡吧对于这些年轻女性的关键意义所在。

　　然而，传统的性别文化仍在对女性进入酒吧、享受酒吧休闲产生影响。酒吧中的青年男女不仅仅是夜间经济中的享乐主义者和消费主义者，亦是处于特定性别文化中的个体。走进酒吧进行休闲享乐似乎是对传统女性气质定义的重大突破。然而，这种新的女性气质与西方新自由主义之间有着暧昧关系，它强调个人主义、选择和自治，偏离了限制个体的社会和政治力量的概念（Baker，2010），并让识别和承认这种持续的性别不平等变得更加困难（McRobbie，2007）。生活结果和成功越来越多地与个人的选择相关，而结构性的束缚被低估和忽视（Azzarito，2010）。因此，对受访者而言，在酒吧中追求享乐是一个非常不稳定的概念。酒吧是一个消费主义文化意识和传统的性别权力关系交织在一起的矛盾空间，消费主义所创造的

"纸醉金迷"的酒吧文化背后是性别与阶层的变迁与交织。酒吧文化对时尚精致、独立自主、纵情享乐的女性形象的推崇，不仅掩盖了女性在传统女性气质和消费文化所推崇的新女性气质之间的挣扎，亦掩盖了在不同年龄，处于不同工作、学习、生活境遇下的女性之间的分化。

一方面，在高度性别化的酒吧中，年轻女性不得不挣扎于提倡自由和赋权的新女性气质和遵循"得体"的传统女性气质之间。对于女性而言，酒吧是一个可以享乐，但同时又充满风险的"阈限"空间。如前所述，本书通过受访者在酒吧中的身体呈现、饮酒实践和互动实践三个方面的协商来呈现年轻女性在这个阈限空间中的矛盾与挣扎，认为这个阈限空间为女性提供了发掘、感受和体验新的女性身份、性别剧本的机会，却也让女性深陷传统的异性恋框架中，她们对享乐的寻求、欲望的满足以及相伴随的风险的主动管理和协商，也是将自己定位为脆弱、弱势的受害者的显现。正如国外学者所说，消费社会提倡能动性、自由、选择的新的女性气质与强调负责任、审慎和规避风险的更传统的女性气质是并存的，对于酒吧中的年轻女性而言，酒吧既是一个享乐和自由的空间，同时也是需要管制和不安全的空间，这其中的冲突、不安全都需要女性去协商（Measham and Brain，2005；Sheard，2011；Bailey，2012；Nicholls，2012，2017；Brooks，2014）。尽管女性在其中的协商策略颠覆了传统上对女性总是需要被保护的期望，但这并不意味着她们跳出了异性恋框架，对保护自我的责任的承担仍在强化男性的行为是"无法控制的和自然的，因而需要小心防范"的性别刻板印象（Munro，2008）。不仅如此，无法在酒吧中的风险和享乐之间进行妥善协商和保持平衡的女性更是遭受着社会污名和日常生活的困顿，我将在下一章中对此进行进一步的分析。

另一方面，这种属于"延长的青春期"的另类休闲也在不同年龄、样貌，处于不同工作、学习、生活境遇下的女性之间制造了分化。首先，正如默克罗比所说，喝酒、休闲享乐本来是男性的特权，现在女性也有这个权利，但只是临时的（McRobbie，2007）。相对于男性，只有处于"延长的青春期"、在学习和工作阶段，甚至是长得好看的年轻女性才能享受这种休闲。相较之下，那些并不处于学习和工作阶段的、"不再年轻"、"不好看的"女性则似乎并不享有这种休闲权利。其次，能够展现自己的时尚、有品位甚至"酷"的女性除了在某种程度上能够抵抗酒吧性别化的期待，在酒吧中甚至更受欢迎。问题在于，并不是所有的女性都拥有同样的资本。对于进入酒吧享乐的女性而言，要么如第四章所述，"用自己的存在付费"，展现自己的生产力，要么就要拥有相当的资本，展现自己的消费力，如此才能够满足消费主义对资本增值的追求。缺乏风格、审美和变化现在被归为个体缺陷，布迪厄所说的符号暴力正在创造新的阶层分化和阶层斗争。

我认为，我们既要看到年轻女性在这个阈限空间中的矛盾与挣扎背后的传统的父权制力量和西方新自由主义力量所形塑的消费文化对女性的利用，也要关注其中潜在的发掘新的女性身份和改写性别剧本的机会，尽管这种颠覆仍然停留在异性恋框架之中。我赞同相关学者所说的，"抵抗"是关于权力位置之间的关系（Pile，1997；Rose，2002），自由亦是一种为了自己的目的而采取/影响（或拒绝采取/影响）行动的可能性，它是"程度问题而非绝对权利"，一种"获得而非授予"的东西（Grosz，2011）。从这个意义上来讲，阈限空间这个概念可以让我们超越能动和结构的二元对立，看到更复杂的性别权力动态关系，既不把女性当成傀儡，也不把女性看作是完全自由的。

事实上，国外学者关于酒吧中的年轻女性的研究仍然在某种程度上将女性归为"受害者"，并且对于女性权力、自由的理解仍然陷于"结构－能动""压迫－受压迫"的二元对立倾向的根本原因（这也是女性主义一直纠结的认识论问题）在于：我们如何可能在父权制的异性恋框架之外发展一个女性主体？结合我在理论综述部分对西方后现代女性主义及其政治可能性的理解和本章的论述，我认为，受访者在酒吧中的种种协商对于多重的、变动中的个体能动性的体验和在相关互动、实践中的选择、抵抗诚然已经体现了女性个体层面上的混合了解放政治和生活政治的政治身份，她们对于酒吧休闲的参与同时包含了对传统性别文化的迎合、妥协和抵抗。正如学者所言，女性主义政治不必非得有一个稳定的女性主体作为基础（巴特勒，2009a），我们应该在社会关系的具体运作中发现主体性和自我意识，因为主体总是处于建构的过程中（默克罗比，2001）。在我看来，酒吧中的年轻女性也展现出了西方后现代女性主义图景的部分特征，不过，相对于大众文化中单向、静态的后现代女性主义图景，本章对酒吧中的年轻女性对新、旧规范的协商的呈现更为丰富、立体。

在新、旧规范的交织中，对于自身是否符合规范的"道德主体"亦应该从集体的道德话语转向个体在具体生活中的道德体验和相关论述。

第六章　欲望与尊严：对"道德主体"的协商

　　酒吧中的年轻女性不仅仅是夜间经济中的享乐主义者和消费主义者，亦是处于特定性别文化中的个体。在高度性别化的酒吧中，年轻女性不得不挣扎于消费社会所提倡的自由、赋权的新女性气质和强调审慎、负责任、被动的传统女性气质之间。在上一章中，我通过受访者在酒吧中的身体呈现、饮酒实践和互动实践三个方面的协商来呈现年轻女性在这个阈限空间中的矛盾与挣扎、约束与可能性，认为酒吧为女性提供了放松休闲、寻求刺激的享乐机会，却又让女性不得不去迎合酒吧的"性别化"设定，并对与之相伴随的风险进行抵御。

　　然而，在新、旧规范的交织中，仅仅关注年轻女性在酒吧所生产的阈限空间中的单纯遵守或拒绝规范的矛盾的、复杂的实践远远不够，还应该关注她们在其中矛盾、复杂的感受、体验及反思。这是因为，一方面，对于女性而言，进入酒吧是她们对传统属于男性的公共空间和休闲领域的探索，是对传统性别角色和期待的颠覆，但她们却又不得不迎合酒吧的高度"性别化"以获得准入资格，这无疑是与她们对自身的自主、独立的强调和对传统性别角色的抵抗的初衷相违背的。另一方面，不论是对公共空间和休闲领域的占领，还是年轻女性在其中的高度性别化的表征，这二者在不同程度上都是与社会主流传统的性别角色和期待相违背的，这也是社会主流对女性泡吧普遍持负面观感的原因。如导论所言，无论是新闻报道中对泡吧女性的负面呈现和读者大众对泡吧女性直接的谴责，还是在真实调研中，受访者所谈到的社会对泡吧女性普遍所持的负面态度，都证实了社会大众对泡吧女性的性别刻板印象和双重标准，其所反映的是长期存在于社会中的传统的性别权力关系。事实上，很多受访者也承认自己存在对其他泡吧女性的偏见。总而言之，对于大多数作为第一代泡吧者的受访者而言，她们深陷新、旧规范的两难中，承受着来自酒吧、社会和自身的三重压力，也正是在这个意义上，我认为酒吧还构成了一个涵盖范围更大的、关照整体生活的话语空间和伦理时刻的阈限空间。

在本章中，我将引入"道德停顿"概念，进一步分析酒吧所提供的阈限空间如何成为与女性的泡吧实践相关的范围更大的、关照整体生活的伦理时刻和话语空间的交叠。具体而言，我将从年轻女性如何理解酒吧的性别化设定，如何回应来自酒吧外的关于泡吧女性的负面态度和讲述自身在酒吧中的新实践，探寻她们如何在更具体的社会情境和关系中理解、内化复杂甚至矛盾的文化意识，或者说，话语，甚至如何诉诸伦理实践，以使自己既能够遵从内心的欲望，又在自身眼中，也在社会大众眼中成为一个在道德上更为得体、更能被接受的人。最终我旨在结合宏观社会语境，揭示其背后的性别和阶层的意涵。

第一节　道德的伦理转向

在新、旧规范的交织中，仅仅关注年轻女性在酒吧所建构的阈限空间中的单纯遵守或拒绝规范的矛盾的、复杂的实践远远不够，还应该关注她们在其中矛盾、复杂的感受、体验及反思。道德的伦理转向恰好可以为探讨个体在这种新、旧规范交织中如何协商一个作为"道德主体"的自我而进行反思、判断，进而呈现人们的真实生活提供思路，而不只是让具有丰富道德内涵的实践沦为某种工具主义（Lambek，2000，2008，2010）。不仅如此，由于新、旧规范的交织所产生的断裂和不确定性，对于自身是否符合规范的"道德主体"的探讨显然亦需要从已然断裂的集体的道德话语转向个体在具体生活中的道德体验和相关论述出发，我认为，这些正是人们对社会变迁的主观体验。

不满足于遵循涂尔干传统将道德讨论局限于社会性或集体性的规范与义务（涂尔干，2002），新近的道德研究出现了"伦理转向"，主张从具体的社会关系和社会情境中个体的行动和实践出发，关注主体塑造及改变自身的伦理实践及反思，承认伦理的冲突性与复杂性、互动性与整体生活关照（Laidlaw，1995；Lambek，2010；Fassin，2014）。齐根指出，道德应该是一种身体化的道德性情，即伴随着个体的人生轨迹而形成的一种不假思索、未经反思的日常存在方式（李荣荣，2017）。因此，尽管道德在一定程度上不自觉地受到制度或语言结构的影响，但更多的是人们在其人生轨迹中经由有意识的、有意向的伦理工作而形成的（李荣荣，2017）；而所谓伦理即是针对这种身体化的道德性情的有意识的反思，这也就是当前学界中的"道德的伦理转向"。在身体化的道德性情的有意识的反思之后，人们会针对自身进行各种伦理实践，目的是使自身不但在别人眼中也在自己眼中变成道德上更为得当、更能被接受的人，而"道德停顿"指的正是人们停下来反思并以自身为对象有意识地进行实践的伦理时刻（Zigon，2007，2008，2010；李荣荣，2017）。

我认为，由于传统的性别文化意识和新的消费文化意识在酒吧中的交织所形成的阈限空间下，年轻女性体验着不同的规训秩序和内容，这有助于引发关于结构的反思，进而形成对新的可能性进行探索（特纳，2006；Endsjø，2000）的话语空间和伦理时刻。这些年轻女性的各种伦理实践使自身在别人眼中，也在自己眼中成为道德上更为得体、更能被接受的人是我们需要进一步关注的，因为它正是在社会主流普遍持负面观感的情况下，当代的年轻女性仍然愿意走进酒吧的深层原因，亦是能够反映性别、阶层等社会变迁的主观体验。

第二节 "性别化"：新、旧规范的冲突与重叠

在社会主流对女性泡吧普遍持负面态度的情况下，年轻女性仍然选择进入酒吧本身就是对传统性别权力关系的颠覆，而作为准入的条件，她们又不得不接受酒吧的"性别化"设定。不仅如此，从上一章受访者如何在酒吧中进行享乐与规避风险的各种协商实践来看，年轻女性亦在不同程度上同时接受和抵抗了酒吧的高度"性别化"。对"性别化"不同程度的接受和抵抗显然与受访者对新、旧规范的感知、体验和反思相关。与

西方新自由主义所形塑的消费文化对女性自主、独立、赋权和享乐的定位一样，绝大多数受访者亦是通过消费主义话语来理解和应对酒吧的性别化和回应社会主流的负面态度的。然而，问题在于，在受访者的相关论述中仍然充斥着传统的性别文化元素，一方面，酒吧中的性别化设定以及年轻女性在其中需要做的种种协商显然在某种程度上与她们强调个体、自由、选择、享乐甚至抵抗传统性别文化的初衷相违背；另一方面，消费主义话语也并没有帮助这些年轻女性去抵御社会的污名。这样看来，新、旧规范之间的交织所带来的无解困境似乎只是消费文化的陷阱。

不管是何种程度的对酒吧的"性别化"以及对社会主流相关的负面态度的接受、回避或抵抗，受访者都尝试为自己的行为和观点进行合理化。然而，无论是接受、拒绝还是回避，受访者们似乎都是从基于个体主义和利益导向的消费主义话语中获取灵感，进而对自身的选择和行为进行辩护。

消费主义话语的"诱惑"

年轻女性受到了酒吧的营销广告和更大的消费文化对个体、独立、自由和享乐的女性表征的鼓励，也理所当然地用消费主义话语来理解和回应酒吧的"性别化"设定和社会主流对泡吧的负面态度。然而，事实上，这些所谓的消费主义话语不仅夹杂着对传统性别文化的接受和妥协，也无法帮助这些泡吧的年轻女性去应对社会主流对她们的消极刻板印象。

1. "互惠互利"

在前文中，我谈到，酒吧是"高度性别化"的，男性是酒吧主要的消费力，拥有高消费能力、拥有金钱是男性气质的体现；而女性则是"酒吧的第一生产力"，女性是为酒吧吸引男性消费主体的、作为被凝视的对象的客体存在的。具体而言，酒吧经常推出各种优惠甚至免费活动以期待吸引更多的女性，进而招揽更多潜在的男性消费者。事实上，酒吧所推出的针对女性的优惠和免费活动正是基于对传统性别观念的开拓与运作——它将高额消费都转嫁到男性身上，并从中获利。大多数女性受访者对于酒吧的"性别化"设定和意图都有所了解，但他们大多数对此并不在意，甚至将其视为女性的"福利"和对女性的"尊重"。在谈到酒吧总是针对女性推出各种优惠甚至免费活动的原因时，舒影和芬芬谈了自己的看法。

> 吸引女生过来（的做法），偏激一点的女生对此会说，这是一个"钓鱼钩"，能帮你（商家）钓过来更多的可能（消费者）。不偏激的女生就是觉得我受到尊重，因为我是女生，然后商家给我这样子的优惠，让我能够喝更多的酒，或者更想来这里……我无所谓的，我觉得可以享受这样子的福利就享受喽，为什么要顶着女权主义的旗号去非常偏激地不接受自己的福利呢？其实女生力气更小，男生力气更大，可能在搬家时，男生会主动帮你搬，因为他们力气大，我觉得是一样的啊。因为女生生来就是柔弱的那一方，我们能够接受福利，我且称之为福利吧，能接受这种好处，也不是一个坏事，双方都是互惠互利啊，我也没有缺少什么，干吗要偏激地说一定要付钱呢……全世界各地都是这样。基本上很多酒吧女生进去是不用付门票的，男生进去是要付门票的，我觉得没有问题啊，不是很care（在意）这个。（舒影）

　　讲直白一点就是，越多漂亮的女生来，才会有越多的男生愿意来……酒吧利用男生的心理在赚钱。从酒吧的设定来讲，女生是属于"被猎"的那个。就感觉好像女生是个，怎么说，说是个"商品"……我是个实用主义者，它对我来讲没有坏处，只有好处。我也有去过需要自己付钱的，反倒那种场让我觉得好不值啊，会让我觉得不值得花这个钱……我觉得（针对女性的优惠活动）是个福利，是身为女性的福利……虽然让你付钱是平等的一种体现，但是我会觉得，如果付钱我就不太愿意去了，而且两个场合其实没有太大的差别。（芬芬）

　　对于舒影和芬芬而言，她们深知酒吧为女性推出优惠、免费活动的意图是吸引潜在的男性消费者，其背后是酒吧对于男性作为消费主体，女性作为"被猎"的"商品"的消费客体的设定；但她们拒绝将自己定位为"被压迫的受害者"，甚至认为这种设定是对女性的"尊重"，给女性的"福利"。从材料来看，受访者的相关叙述正体现了改革开放之后，传统的性别话语的复苏和市场话语的进驻。首先，舒影和芬芬欣然接受商家给予的福利，认可这种以"自身存在来付钱"的消费模式，将其默认为是酒吧与女性之间的"互惠互利"，这种考量显然是基于以市场为导向的经济理性的。不仅如此，如芬芬所暗示，如果酒吧注定是"性别化的"，那么不付钱显然是最佳选择，因为酒吧的消费并不低。其次，对"女生力气更小，男生力气更大""女生生来就是柔弱的那一方"的这种所谓自然差异的强调使得舒影更能够理所当然地接受这种性别化设定，并认为"顶着女权主义的旗号"不接受这种"福利"是一种"偏激的"行为。

受访者对于酒吧的性别化设定的接受不仅源于改革开放后传统性别话语的复苏和市场话语的进驻，亦源于对自身在具体的消费过程和互动等情境、关系中享受乐趣、独立，感受赋权和尊重，进行抵抗的信心。在酒吧中，除了享受酒吧直接给予女性的专属优惠之外，在大部分情况下，绝大多数费用通常亦由男生直接承担。奕欣谈到了自己对于"为什么总是男生出钱"的看法。

> 其实是男生约好了去，他们分摊费用，男男女女玩才有意思嘛，不然一群大老爷们儿，没几个美女陪，会觉得，诶，不舒服……男生叫女生出来玩，本来女生出不出来玩无所谓，而且还要女生喝酒什么的，可能男生就觉得已经（够了）……这种消费观念可以追溯到很久以前……这就是惯例，就男生均分了，从来不找女生要钱，可能在文化里面就是这样子的，（男生）虚荣，（他们会表现出）我有钱，我包场，你来玩就行了，你开心就好，我这桌的美女是最多的，我有这种资源……男生嘛，虚荣。从我主观的角度来看，我还是挺享受的，因为每次你的主观感受都是非常好的，而且他对你非常尊重，你不想喝，他也不会让你喝这种……所以大家就不会去想我为什么不用出钱，因为，第一你享受了，第二不出钱你占了便宜一样，第三这个文化（很久了），大家都习惯是这样子了。（奕欣）

从材料来看，受访者不仅接受商家给予的福利，认可这种以"自身存在来付钱"、与酒吧之间的"互惠互利"的消费模式，亦认可在酒吧中两性间的消费和互动模式，即男性是享乐者、主导者，因而需要承担费用，而女生是陪衬者和某种程度上的牺牲者，因而无须付费。对于奕欣来说，接受这种消费和互动模式亦是基于男女两性"互惠互利"的考量：一方面，男性"更加要面子"，在酒吧中，"我有钱，我包场，你来玩就行"和"我这桌的美女是最多的，我有这种资源"是让男生在酒吧中甘愿掏钱消费的最重要原因；另一方面，从女性的角度来看，享受和被尊重的个人主观体验，"不出钱"的经济理性考量和"就是这样子"的文化惯例让奕欣能够坦然接受这种"性别化"的消费和互动模式。

2. "你有你的生活，我有我的生活"

基于个体主义原则的消费主义话语也出现在受访者对社会主流的负面态度的回应上。奕欣和舒影通过对个体、自由等消费主义话语的强调来应对传统性别观对于女性享乐的束缚。

> 我不担心（他人的看法），我不需要。因为我做该做的事情，我也能做好，这不影响我做正经事。我该写论文写，该学习学……我就做自己，把自己做好了，自然而然的，你这样子吸引到的一定就是你的真心朋友，或者就是爱你这个人的人……我无所谓，我不在意外界怎么看我。（奕欣）

> 这是你的生活，我不会去评论你的生活，因为我的朋友大都是外国人，他们自己的生活大部分也是这样子的，哈哈。大部分情况下，我跟你相处，我不会过问你的生

活，你有你的生活，我有我的生活……我觉得他们更多教
会我，不要以有色眼镜去看别人，这个人要通过自己去了
解，还有就是你的生活是你的生活，我的生活是我的生
活，即便你做了什么事情我也不会去评判。（舒影）

对于奕欣来说，只要做好自己该做的事情，就能够自由地
进行享乐。做一个理性、负责任的消费者被国外学者认为是强
调自由、自主和选择的西方新自由主义价值观的一部分（O′
Malley and Valverde，2004；Goulding et al.，2009）。我认为，
这里所谓的"理性、负责任"不仅仅包括前一章中适度的饮
酒、身体呈现和互动，还包括对休闲消费和日常生活之间的平
衡的协商。学者们进一步指出，这种以自由和选择为包装的
"新自由主义治理术"不仅是不稳定的，还是阶层化的，因为
不是所有人都有足够的资本和理性来享乐（Skeggs，1997，
2004；Harris，2004；Nicholls，2018）。舒影曾经所在的学院
有很多外国人，她认为自己喜欢在酒吧交友甚至发展"一夜
情"的生活方式深受外国友人的影响。这也就是说，奕欣和
舒影都拥有足够的文化资本来抵消污名。

资本在酒吧所创建的阈限空间中是个核心要素。如前所
述，酒吧是一个父权制和资本"共谋"的地方，拥有资本的
女性可以在某种程度上抵制被物化的可能；而相应的，如斯盖
格斯所说，在应对外界的性别双重标准时，文化资本亦能够被
用来抵御被污名化的风险（Skeggs，2004）。资本是西方新自
由主义的目标所在。在深受西方新自由主义影响之下的酒吧文
化中，如果说对自由独立、享乐放纵等的强调是为了开拓性别
符号本身所泛化而成的市场资源，那么这种自由独立、享乐放

纵可能给女性带来的物化或者污名，亦只能通过其所拥有的各种资本来平衡，因为在其中的女性要么需要迎合父权制，要么需要迎合资本的开拓。这回应了国外学者认为新自由主义主体是阶层化的，甚至是女性化的观点（Skeggs，2004；Gill，2007；McRobbie，2007；哈维，2010）。

不过，并不是所有受访者都能从西方新自由主义的消费主义话语出发来理解、回应和接受这种性别化的消费、互动方式和社会的负面态度。从部分受访者的材料来看，尽管她们在某种程度上仍然认可存在于两性之间的所谓自然差异，也在某种程度上接受酒吧的性别化设定，但她们对性别有着更具颠覆性、反思性的理解。

超前的性别意识：平等、自由、独立

尽管有些受访者也意识到了酒吧性别化的期待和来自社会主流的消费态度，她们也在某种程度上接受、迎合甚至策略性地利用这种"性别化"，但是她们有着超前的性别意识，对性别有着更具颠覆性、反思性的理解与思考，尽管这些论述普遍缺乏对男性中心文化主流话语的警觉和剖析，亦未能超出父权制的异性恋框架对传统性别权力关系进行批判。

静琳家里是做生意的，她刚刚大学毕业，正在实习，有来自家里的经济支持和工资收入。李芸家经营车行，她自己是个到处旅游的婚纱模特，她的男朋友一个月也会给她四五万元的零用钱。关于在酒吧的消费情况，静琳和李芸有不一样的体验。

> 因为我有一次帮一个男生买单，那个酒保就主动把付

款单给男生，我当天是想请他的，我会觉得很有成就感，也不是说成就感，就会觉得是平等的，就是女生也可以工作赚钱来为自己付费……我会觉得女生自己买酒喝起码是经济独立的一个象征，而且我觉得我没有必要为了吸引你给我买酒喝而去花心思，就会觉得我就是想喝酒，就想蹦迪，我花得起。这样就会更爽一点。我可能是这种个性，但是我觉得有些女生被请也挺爽，好像是自己的美貌得到了认可……自己请喝，虽然很心疼钱包，但是感觉很爽，感觉很有面子，别人买单的话，我心里会默默记下来，将来会（请回去）。（静琳）

我觉得不一定我跟男孩子出去玩，我自己有这种消费能力，我可以自己出去玩。不一定要有男生，我不知道那种（靠男生买单的酒局）是什么情况。我会约我一些好朋友有时候去玩一下，就这样子……你既然去那种地方就意味着你要花钱，所以价钱的事真的不在我考虑的范围。我这样去，那肯定是我有一定的消费能力，你叫别人去就意味着你要花钱的呀。负担得起才会去那种地方，负担不起去那种地方会有一种无形的压力。（李芸）

从材料来看，花钱消费和由男生买单的玩乐体验有极大的差别。尽管认为"被请"可能会给部分女生带来"美貌"被"认可"的"爽"，但是自己花钱甚至替男生买单也让静琳很有"成就感"，感觉"平等"、"很爽"和"很有面子"，因为不再需要在经济上依赖于男性，也就没必要为了让自己能够被男性买单而"花心思"。然而，问题在于，自己花钱消费的前提是要有静琳和李芸所拥有的"经济独立"和"消费能力"，否则就会有"无形的压力"。

我认为，从女性的角度来看，如果她们需要享受酒吧的免费活动或者由男性买单的话，那么她们就需要迎合酒吧的性别化期待，体现自己的"生产力"，以此为自己的玩乐付费，这就是所谓的"无形的压力"。这种情况正是传统的父权制力量和西方新自由主义力量所形塑的消费文化共谋的体现，女性要么需要迎合父权制对女性的传统期待，体现自己的"生产力"，满足男性在酒吧中的男性气质塑造，要么就要迎合消费文化对利益的追求，展现自己的消费能力，才能暂时翻转作为女性的从属身份。

总而言之，酒吧中的"纸醉金迷"是消费文化创造出来的拟像（鲍德里亚，2006），最受酒吧欢迎的女性玩家要么拥有与之相匹配的高度性别化的精致美丽，要么拥有较高的消费能力。因此，酒吧中的消费和互动模式显然不仅是高度性别化的，亦是有阶层倾向的。然而，由于受访者关于性别的自然差异的观念和以个体主义为基础的西方新自由主义所形塑的消费主义话语的渗透，这种在所谓的性别的自然表达掩盖之下的阶层差异被更深地掩盖了。

除了在上述的消费情境中享受乐趣、独立，感受赋权和尊重，在更具体的"性别化"互动中进行抵抗的信心也是叶娟能够拒绝酒吧的"性别化"设定的关键所在。

> 因为我是很刚很直接的人，我是比较不怕正面冲突的那种……因为我不可能一个人去，我朋友也在，我个人也比较刚，如果你有什么行为的话，我可能对你也会有什么

行为。那如果闹很大的话，也是有警察、有法律的，你这种是骚扰，我不怕说把这个事情（闹大）怎么样……一般从我的经验看，如果女性态度较强势的话，男生一般是会退缩的。拒绝分两种，一种是很坚定的拒绝，一种就是你露怯了，你让他发现了你对他的排斥是带有一种恐惧心理的，然后他就会继续，带着一点逼迫你的感觉。（叶娟）

相对于上一章中"非攻击性"的自我安全保障策略，"不怕正面冲突"、"不怕闹大"和"不露怯的坚定拒绝"等更具抵抗性的心理态势更凸显了酒吧这个矛盾空间中权力位置之间的关系。如叶娟所提到的，"态度强势"和"不露怯"可以让男性退缩，反之，男性则会进一步"逼迫"。更坚毅地应对男性的关注和性骚扰被女性认为有价值（Day et al. ,2003），因为这符合她们对保护自己的责任的承担和自主权的宣告，能够让她们感觉赋权和社会权力。

我认为，这种更具体的、在"性别化"互动中进行抵抗的信心根源于我们国家长期以来培育的男女平等观和实施的独生子女政策。我面对的受访者大都是"第一代"进入酒吧的年轻女性，她们大都是独生子女，或者只有 1 个兄弟姐妹，她们可以获得家庭所能支配的所有资源，而且由于国家对鼓励"男女平等"的相关政策和市场经济的推行，她们在早期的性格形成阶段几乎没有明显的性别偏见，也较早地接受了强调个人欲望和选择的个人主义价值观（Wu and Dong, 2019）。

"性别操演"策略不仅出现在上一章受访者对两性互动的风险和享乐的协商中，更是延伸到对来自酒吧外的社会压力的应对之中。如导论所述，所有受访者都感受到了来自家人、伴侣、朋友、同学甚至更广泛、抽象的"社会"和"环境"对于女性泡吧普遍所持的负面态度，绝大多数受访者谈到了自己对父母家人隐瞒泡吧的经历，以及因为泡吧给自己的亲密关系甚至日常生活带来的困扰。

> 他总会说"你敢去你就完了"，他控制欲超级强……我们两个认识之后，他从来没有想过我以前挺爱玩的，他认识我之后觉得我是挺安稳的女孩子，不会是去（酒吧）的那种女孩子。但是后来就知道了，然后倒是也没有怎么样，但是他可能就是心里会有点怕怕的，怕你爱玩啊，干出点什么出格的事情那种……我觉得这跟他的性格有关系，疑心很重，占有欲很强。他就怕我去玩，怕我怎么怎么样，跟男生。（白妮）

> 很多人都会觉得去酒吧的女生不好啊之类的，之前我刚开始去的时候，没那么经常去，偶尔还会发发朋友圈，刚开始是没有把爸妈屏蔽，然后我妈就一直说我。就说女生啊，那种地方很危险啊。老一辈的思想就是觉得有人会在你的酒里面下药，把你带走啊。（陈希）

> 在这样的一个环境中，大家都觉得去酒吧的女生好像更"放荡"一点，用这个词吧，好像就更加放得开，然后更加的，怎么说呢，好像更加没那么文静，觉得在国内，你去越多的（酒吧），好像就是这样一个形象。（凯丽）

> 同年级有一个女孩，就会说我，还和别人说道"我

想跟辅导员举报她，因为她抽烟喝酒蹦迪"。我当时想，抽烟喝酒蹦迪我犯法了吗？你去挑战一些不一样的东西，是会让你包容度变高的，就像我之前没去迪厅的时候对那些天天去迪厅的女孩有偏见，但我自己真正去了之后，我了解了那是什么地方之后，我反而不会有这种偏见，反而是那种什么都没有尝试过的人，包容度会低一点。我不是在讽刺她天天只知道学习什么的，我只是说她包容度很低，可能是因为她家那里经济发展没那么好。（薇羽）

"爱玩""出格""不好""放荡""放得开"是受访者所感受到的社会大众对女性去酒吧的负面观感，从材料来看，除了凯丽将大众对泡吧的性别刻板印象和双重标准的原因较明确地指向了中国性别化的大环境之外，其他三位受访者则分别将其归因于个体的性格、代际的差异和经济发展的差异，这种归因显然无益于对普遍存在的传统性别文化的警觉与批判。对于这种来自酒吧外的压力，受访者选择向父母隐瞒自己的泡吧经历，在男朋友的要求下不再去酒吧玩，或是仍然身处由自己泡吧所带来的人际交往和亲密关系的困顿之中，比如材料中薇羽提到的自己所遭受的来自同性的敌意。薇羽还告诉我，尽管曾经一起出去喝酒玩乐，她的前男友仍然被哥们告诫，"不要跟她谈恋爱"。后来有一天，薇羽主动联系我，说自己原先说的"在意别人的看法，但依然我行我素"的想法改变了，觉得外界的压力会让她放弃去酒吧，并且希望能够先从穿着打扮上改变自己。原因是，一个在她看来"老实巴交"的男生因为去酒吧接她，就被别人扣上了"渣男"的帽子。

相对于受访者所谈到的隐瞒泡吧经历和不再去酒吧来避免

来自父母和男朋友的压力，芬芬和舒影亦同样选择了更灵活的"性别操演"策略来避免"麻烦"和"说教"。

> 我不会把在酒吧里玩的那一套用在同学聚会上，因为我感觉初中同学对你的印象还停留在初高中那个阶段，如果变化太大可能会让她们觉得……就可能她们更希望你是那样的角色……我跟他们一起会穿得安全一点，因为她们对我的印象是一个乖乖女，跟性感啊、化妆啊离得很远，是一个很正的形象，所以我跟他们去的时候会刻意这样（保持很正的形象）……在长辈父母面前我可能也会刻意乖，隐藏一些不乖的部分，比如说指甲，去见长辈的话我就会做这种粉色的，如果我做了深色的指甲，我可能会握住拳头，不要在他们面前刻意地展现……性感是要避免的，或者说是要稍微弱化一下，比如说你裙子穿得紧一点，那你上衣就要宽松，上衣比较紧一点，修身的话，下半身就要宽松，就不会让他们觉得不舒服……（芬芬）

> 被知道的话会很麻烦，会说教啊……我在家里表现出来是另一个样子，就很乖啊，不出门啊，我在家里和在学校是两个样子，他们只知道我在家里是那个样子……他们叫我干吗我就干吗，不让我出门我就不出门。我也很怕跟别人吵架，家人叫我干吗我就干吗。因为我这个人真的很怕麻烦。我在他们面前表演乖一点，回学校我就过自己的生活了，无所谓……我觉得他们想要我呈现这个样子，那我就这样让他们开心一下呗，省得让他们担心。（在家人面前就）装得乖一点。（舒影）

从材料来看，酒吧对于受访者而言确实是一个与日常生活有所区分的、仅限于特定时空的阈限空间。她们对于同学聚会和酒吧、家里和学校及所面向群体的区分和相应的角色扮演策略不仅体现了她们对这种阈限空间的觉知及反思，更是社会主流对于女性酒吧中的实践和呈现的负面态度的映射。然而，这种策略性的角色扮演只是为了避免"麻烦"和"说教"，尽管她们尝试对传统性别角色进行抵抗甚至进行后现代的"性别操演"，但是这些抵抗和策略仍然将重点放在女性身上，仍然局限于父权制的异性恋框架之中。总而言之，尽管受访者普遍非常强调自身的自主、自信、独立，但是不管是大众对泡吧的性别刻板印象和双重标准的归因还是应对，相关的女性主义意识和话语在受访者的论述中都严重缺席。我认为，尽管有国家层面长期以来所培育的男女平等观，但由于未曾经过女性主义大潮的冲击，不了解社会性别概念，加之改革开放后传统性别话语的复苏和以个体主义为原则的市场话语的进驻，当代中国年轻女性仍然缺乏对男性中心文化主流话语的警觉和剖析（李小江，1989），甚至对女性主义存有偏见。

事实上，所有受访者都在传统的性别文化和消费文化意识之间挣扎，她们在不同程度上同时接纳和拒绝这两种规范。年轻女性受到酒吧的营销广告和更大的消费文化对个体、独立、自由和享乐的女性表征的鼓励，也理所当然地用消费主义话语来理解和回应酒吧的性别化和来自社会主流的负面态度。然而，事实上，这些所谓的消费主义话语夹杂着对传统性别文化的接受和妥协，不能帮助这些泡吧的年轻女性解决介于新、旧规范之间的两难，也无法帮她们应对社会主流对她们的消极刻板印象，这也正是受访者通常采用回避性的协商策略或者仍然深陷于主流社会对女性泡吧的负面态度给她们的整体生活带来的困顿之中的原因。也正是在这个意义上，我认为酒吧所提供的女性可以在其中探索新的可能性的阈限空间似乎也只是消费文化经由对父权制的收编而设下的"陷阱"，所谓的自由、选择和抵抗也只是西方新自由主义的消费文化为了开拓市场所创造出来的拟像（鲍德里亚，2006），这种拟像只是为了开拓性别符号所蕴含的市场资源。正如斯维德勒（Swidler，1986，2001）的文化工具包（tool kit）概念所说，资本会巧妙地利用新自由主义和传统性别观中相互矛盾的话语为自己开拓市场。一方面，消费文化鼓励女性的欲望和情感表达，尽可能展现性感漂亮、享乐放纵，甚至成为性主体，正是这种看似十分具有颠覆性、反思性的消费主义话语让女性自愿成为生产力。另一方面，从两性的互动和酒吧整体的氛围来看，酒吧展现远比日常生活更传统的性别权力关系，这敦促男性掏钱为女性买单，不管他是否有足够的消费能力，否则会没有"面子"（受访者潘俊总结）。

新、旧规范之间不仅存在矛盾和冲突，亦存在"共谋"，这使得女性对在酒吧中的享乐与风险、欲望与尊严之间的协商十分不稳定和困难。不仅如此，由于缺乏对男性中心文化主流话语的警觉和剖析，未能超出父权制的异性恋框架对传统性别权力关系进行批判，无法将矛头指向男性的受访者，只能诉诸女性群体内部的差异或其他伦理实践来协商自身作为"道德主体"的存在，以缓解来自酒吧、社会和自身的三重压力，进而使自己在别人眼中，也在自己眼中成为道德上更为得体、更能被接受的人。

第三节 "道德主体"的协商

对在酒吧中的风险与享乐，乃至欲望与尊严之间的协商的不稳定性以及对男性中心文化主流话语的警觉和剖析的缺乏，使得受访者需要进一步诉诸伦理实践来合法化自己在酒吧中的享乐实践，以缓解来自自身、酒吧和社会的三重压力。在本小节中，我将在具体的情境和关系中探讨年轻女性如何诉诸复杂甚至矛盾的伦理实践使自己在别人眼中，也在自己眼中成为道德上更为得体、更能被接受的人，协商自身作为"道德主体"的存在。他者话语的建构和"去常态化"是为了建构"道德主体"的两种主要的伦理实践。

他者话语的建构

如上一章所述，对自身在酒吧中新的有关饮酒、身体呈现、互动实践的协商是为了在酒吧中的享乐与风险之间取得平衡，而这种平衡的不确定性和不稳定性使得女性亦无法在更深层的欲望与风险之间取得平衡。他者话语的建构是受访者对自身在酒吧中的呈现、实践进行辩护及合理化的关键努力。

高度性别化的身体呈现不仅有让女性被男性误解为"容易得手的目标"（easy target）（Nicholls，2018）的风险，还会遭到来自其他女性指责其"不检点""庸俗"的评判，这种评判不仅关乎符合传统规范的"得体的"女性气质标准，还关乎审美、品位、价值观。

> 我都会觉得不太好啊，比较奇怪，穿得这么暴露……

在那种环境挺危险……我刚认识她，就觉得女生穿这种去夜店有点不检点，但是熟了之后发现她其实不是这样的人。那只是她喜欢的打扮方式、穿着方式，但是她的三观、爱情观，都是蛮正的……你看这个照片……你会发现她们穿得很露，但是不会给人很那种的感觉（指不检点）对吧，就只是觉得很青春什么的。（白妮）

她们的打扮……都会有一点点庸俗，不管是通过堆满了全身的 logo（品牌标志），还是从她们迎合国内大众审美的面孔……我就觉得很庸俗。其实你经常去的场所，不会有那种不符合你审美的人，大家都已经算是筛选出来的，但是偶尔还是有那些，嗯，对她们我倒不会说是有一种鄙视心态之类的，我只是觉得她们可能就是没有穿得很洋气……但可能就是因为这样，我们会缺少共同的话题。（叶娟）

韩萌 21 岁，她更直白地表达了对其他女性过度性别化的身体呈现的看法。

对于太裸露太妖艳的那种装扮的话，我们一般去也不会打扮成那样。她们想干吗，是想勾引男生吗？还是想干吗？她们应该有什么目的。我觉得她们可能是想来"卖"的，不只是来玩的，不只是来让自己开心……可能是缺钱，缺的是一些不必要的东西，（她们）想买一些奢侈品。（韩萌）

有些女性对于在酒吧中呈现"高度性别化"的其他女性亦带有偏见，认为她们是"不检点"的、"想勾引男生"甚至是想"卖"身。积极的、渴望性的身份会威胁到女性的安全和声誉，而安全和声誉正是"得体的"女性气质的核心（Campbell，2005），因此女性会有避免过于性化地展现身体的压力（Nicholls，2017）。也正是在这种压力之下，尽管一样是"高度性别化"的身体呈现，一些受访者会通过"他者化"他人——强调其他女性审美的庸俗和价值观上的堕落等——来协商自己的女性气质，试图将自己建构成符合传统异性恋规范标准的"得体的"女性形象。

对喝酒的"度"的把握是为了在酒吧中的享乐和风险之间取得平衡，然而，由于对所谓的喝酒的"度"的把握是极其不稳定的，基于饮酒实践的对自身女性气质的协商通常要通过回避或者他者化其他女性的行为来完成（Nicholls，2012），即通过生产自身相对于他者的差异来建构自己"得体的"女性气质。

有的女孩子喝醉了没有意识，我是属于那种喝醉意识特别清楚的那种，我喝到死都断不了片儿，我是天生比较敏感那种，我喝醉了是不会乱来的，也不会被人看出什么。但是有的人喝到直接尿裤子上，甚至第二天不记得前一天发生了什么。这个对我来说，做不到，我是真的没有喝醉过，而且我真的不会忘记昨天的事情……一个会对自己负责的人，对周围事物极度负责的人，可以（对我）这样归类。有的人容易断片儿，断了就断了，让别人来照顾，能够放得了这个心让人家照顾，或者说自己就这样倒

了也觉得无所谓，这样的情况我是做不到的。（奕欣）

如果你跟朋友出去喝成这样，朋友把你带回去，那就可以。不要自己一个人把自己喝成这样，然后被人家捞走……要么就是她想这样做，要么她没有安全意识，没有意识到风险……我一般就喝那么点酒，我喝到一个量就不会喝了。（丰研）

（有）一种人是比较无脑的，被人灌了酒，比较无脑，没有（风险）意识就喝。（凯丽）

我觉得她们对自己有点不负责吧，毕竟是面对陌生人，就算你可能可以喝得再多，你不知道这个男生会对你做什么。你在喝醉的情况下，肯定会是弱势的一个角色，所以（喝醉）对自己的安全还是比较不负责的。另外有的时候，这样的人真的会打扰到我们。她们在夜店里真的很嗨，就像一条鲶鱼一样到处搅动。其实我觉得在夜店，很多时候有些人是带着目的去的，比如想要"捡尸"或者怎么样的。（静琳）

如访谈材料中所言，"她们对自己有点不负责"的他者话语的建构将女性在酒吧中醉酒的风险责任归于女性，这是源于缺乏对男性主义主流话语的警觉和剖析，受访者只能通过他者话语的建构，强调自身饮酒行为的合理性。在"有的女孩子"、"有的人"、"她""她们"与"我""我们"的第三人称和第一人称之间的差异的建构中，受访者得以使自己与一个被

"贬义"的他者产生距离。如材料所说，无法把握喝酒的"度"的女性可能会"没有意识""直接尿裤子""断片儿""让别人来照顾""倒了也觉得无所谓"等，进而让自己置身于危险的境地，也无法维持女性的"得体"，这些人被受访者认为是"没有安全意识"、"无脑"、对自己不负责任的人，显然是违背得体的女性气质标准的；而相比之下，"我"与"我们"是"喝到死都断不了片""天生敏感""不会乱来""对自己负责""对周围事物极度负责"的人。

这种对过度饮酒的女性的他者话语的建构体现了传统异性恋规范的性别差异和性别权力关系，男性醉酒是可以接受的，醉酒甚至被视为男性气质的表现，而女性的醉酒却不被社会主流所接受，即使现在的年轻女性亦被号召进入酒吧饮酒享乐。

与对自身的身体呈现、饮酒实践的辩护和合理化一样，受访者对自身在酒吧中的互动实践的协商亦通常要通过回避或者他者化其他女性的行为来完成（Nicholls，2012）。这是因为"高度性别化"的互动会对"得体的"女性气质造成威胁，"他者化"仍然是为了在两性互动中的欲望与尊严之间取得平衡所进行的协商。

> 其实很多程度上，问题也来自有些女生，她认同男生对她做这件事情，然后就会让这些男生有机可乘，让他们有更多机会来做这些事情。女生自己没有抵抗这些事。很多女生在生活当中非常条条框框，一板一眼，丝毫看不出来她是会做这种事情的人。但是到了酒吧之后就像疯了一样，非常放得开。平时碰到男生就会脸红的那种（女生），在酒吧里却非常放得开。这种女生还蛮多的。平时太压抑

自己了，然后有一点没有底线，对自己不够自信吧。其实我觉得很多东西都是源自对自己不够自信。（舒影）

> 问人约不约（炮）的那种的话一般都是年纪比较小的（女生）……不知道她们是什么心态，现在人的思想我们真的不懂，我自己都有点懵……很多都是那种中专的小朋友，现在那种中专小朋友可会玩了，特别是那种职专的小朋友，真的是超会玩。（问：为什么她们会玩？）学历比较低的那些，可能是太早就没读书了吧，[①] 然后步入社会，又太早接触到酒吧这种地方了。（陈希）

相对于他者的"没有抵抗"、"疯了一样"、"放得开"、"没有底线"和"会玩"，舒影和陈希将自己建构为与之相反的懂得拒绝、自信老练和更为矜持的酒吧玩家，这种"他者"和"我"之间的差异被她们归结为"不自信""学历比较低"。因为"不自信"，所以"有些女性"期待在酒吧中以"疯了一样""没有底线"的互动来获取男性关注，释放自己在日常生活中被压抑的欲望；因为"学历比较低"，"太早就没读书"，过早"步入社会"，所以不够成熟老练，无法抵制住酒吧的诱惑。这些对无法在欲望与尊严之间取得平衡的他者的建构，正是受访者为了保持自身在欲望与尊严之间的平衡所做的努力。

由于缺乏对男性中心文化的警觉，女性这种他者话语的建构事实上制造出了女性整体的分裂。不仅如此，国外研究表明，

---

① 访谈对象基于个人的认知，对自己的行为进行合理化的解释说法，不代表笔者本人的观点。——笔者注

他者化通常是通过高度符码化的术语来完成的，因此是实现阶层分化的过程（Skeggs，1997，2004；Harris，2004；Walkerdine et al.，2001）。正如学者所说，我们正处于以客观方式定义阶层向以主观方式定义阶层的转变中，阶层不仅指涉经济，更关乎差异，它现在是在人们的生活经验和自我感觉中建构出来的（Walkerdine，Lucey and Melody，2001）。在单一的集体制被打破、"阶级"退场后的市场转型期，人们并没有实质性的阶层观念，加之大多数女性都尽可能迎合酒吧的中产阶层化和高度性别化的期待来呈现自己，我在研究中发现的他者化并没有明显的阶层指向，尽管其仍然指向了阶层分化，但在这里，阶层更关乎差异，或者主观感受的阶层。

总而言之，在市场转型期，阶层化经常与作为新的差异政治资源的"性别"范畴交织在一起，显然有"女性化"倾向，特定性别化的呈现经常被用来传达消费者的社会地位，而这种性别化表演掩盖下的阶层差异由于符合主流的本质化性别话语而被自然化和忽视了，这与相关学者的研究结果相一致（Hanser，2005；何明洁，2009）。

相对于通过他者话语的建构将自己与"应该"或者"可能"招致污名的行为隔离开来，有些受访者承认自己确实做了一些"不该做"的事情，因此她们只能诉诸其他伦理实践来实现自身欲望与尊严的平衡。

"去常态化"

相对于通过他者化其他女性"过度"的身体呈现、饮酒和互动实践来为自己的行为辩护，一些受访者通过强调自身的"过度"行为发生时所处的特定阶段、特殊情况和特定条件，来为自己的行为做辩护，尽管这种策略在某种程度上似乎承认了自己做了"不该做"的事情。

白妮谈到自己在酒吧中喝醉的情况。

> 我真的记不太清了。（当时）有点喝多了。然后我们就玩到一起了，我就跟那个学长到她们那桌，大家都一起开始玩，一直玩玩玩。她们那个酒啊是没有兑绿茶的，就很纯，然后（我）就可能（喝得）有点受不了，就莫名其妙地有点高了。我那个时候真的是年轻，不懂，你知道吗？我感觉，我能从小到大安全活到现在非常不容易，我是心特别大的那种人，可能那个时候真的没有那种（自我保护的）意识。（白妮）

白妮通过年龄的变化而不是通过他者化来建构自身与"过度"行为之间的距离。通过将自身的醉酒行为描述为"年轻""不懂"的情况下发生的，她将醉酒状态描述为过去的、暂时的和可能发生变化的。通过这种强调年轻差异的描述，白妮暗示了自己是个饮酒学习者，而现在已经是个成熟的饮酒者。这与国外学者关于女性如何合理化自己的行为的研究结果相一致（Bailey，2012）。

舒影是唯一一位承认自己在酒吧寻求过"一夜情"的受访者，在刚跟男朋友分手的那段时期，她每周都去酒吧，想通过在酒吧找很多又帅又有意思的人来打击她的男朋友，并尝试从寻求其他男生的爱慕和两性关系的刺激来获得自信和满足感。谈及是否有过"一夜情"的经历，舒影坦率分享。

有啊，其实我不会隐瞒这个，但是我觉得，到现在我想起来是一个很伤害自己的行为。但是因为过程中体验到那种获得的满足感，我不会后悔，我是有获得满足感的。我个人是不排斥一夜情的。我觉得你要足够保护好自己，你一定要做好保护措施，一定要保护好自己。因为我觉得男生有生理需求，女生也有生理需求，为什么你（指男生）可以做，我不可以做。况且是在我很伤心的时候，我觉得我做这些事情，我有做好保护措施，我并不觉得这是一件非常丢脸或者是不对的事情。我觉得我不需要背负道德上（的压力），（不管这种事被）别人说成怎么样，我开心就行，关他们什么事。（舒影）

"一夜情"是绝大多数受访者拒绝表达否定态度同时又极力避免的行为，她们的考量包括安全和声誉问题。从舒影对自己"一夜情"的阐述中出现的"道德"、"丢脸"和"不对"等字眼，我们可以看到舒影所承受的来自他人和自身潜意识中对"一夜情"的负面观感的压力，在她对"一夜情"的辩护中，我们可以更全面地看到不同的话语和伦理实践是如何矛盾地交织在一起的：一方面，舒影尝试通过对自身独立性、能动性的强调和对性别文化的反思来合理化自己的行为。首先，舒影强调自身对分享"一夜情"经历的坦诚，并试图通过强调"不会后悔""获得满足感""我开心就行"来体现自身对自己行为的负责和在"一夜情"过程中的主动性，尽管她承认那是一个"很伤害自己的行为"。其次，舒影试图通过强调生理需求的本质性和满足"生理需求"上的男女平等这种政治正确来合理化自己的行为，认为女生和男生一样都有生理需求，因此自己追求生理需求的满足是合理的。另一方面，舒影又尝试进一步通过"去常态化"来为自己的行为辩护。舒影先强调自己的"一夜情"是发生在自己"很伤心的时候"，强调这种行为并不是自己常态化的行为，而后舒影强调自己是在"保护好自己"这种特定条件下发生"一夜情"的，因此是个"理性"的享乐者。我认为，舒影在对自己的"一夜情"进行辩护的过程中所采用的复杂甚至矛盾的话语和伦理实践，恰恰说明了欲望与尊严的难以平衡和不稳定。

除了尝试通过不同的话语和伦理实践在酒吧所建构的阈限空间协商自身的风险与享乐、欲望与风险，舒影和叶娟还从更宏观、更具反思性的角度意识到了酒吧的阈限性，认为酒吧就是玩乐、放纵、寻求刺激的地方，并且应该把酒吧中的玩乐和日常生活分开，因而自己的行为只是发生在酒吧这个特定的阈限空间。

在发生一夜情的时候大部分的女生会觉得 OK！我们既然有发生过什么，你就是我男朋友了。（女生们）一定不要这样想，你们只是一起做了一件比较亲密的事情，但是你的生活还是要回到正轨。通常我觉得如果真的有感觉，可以继续相处，但是如果没有感觉就不要给人家留余地。就是不要太渣了。能不留联系方式就不留联系方式。反正大家以后还是在过自己的生活，就没有交集了。（舒影）

我就是玩就是玩，生活就是生活……当我去夜店的时候，我觉得那个空间是相对意义上要彻底自由的……（叶娟）

如前文所述，随着酒吧越来越成为一个面向普通大众的休闲消费场所，越来越多的年轻女性走进酒吧，这种新兴的城市夜生活在公与私、工作与休闲、性与爱之间做出了重要划分，重新规划了她们的生活方式。在"延长的青春期"中，当代年轻女性大都是未婚状态，处于学习或者工作阶段，拥有很长的享乐式生活时期，亦都有一定的消费能力。现在的年轻女性不仅有闲、有钱跟朋友一起去酒吧玩乐放松，学习和工作的压力亦使她们渴望放松和释放。加之当前性别关系和观念的变迁和消费文化的作用，年轻女性也渴望能够挑战传统的束缚，探索新的可能性。在绚烂的灯光、动感的音乐和酒精的作用之下，酒吧成了一个临时的、局部的空间，它唤起了跨越日常限制的阈限空间的生成，在这个空间内，充满活力、乐趣的可能性代替了日常生活重复的无聊，尽管无法脱离日常生活，但它指向了一个超越日常生活的世界，一个替代日常生活的世界（Grossberg，1997），尽管这种超越、替代只是暂时性的。

第四节　小结

在新、旧规范的交织中，仅仅关注年轻女性在酒吧所生产的阈限空间中的单纯遵守或拒绝规范的矛盾的、复杂的实践远远不够，还应该关注她们在其中矛盾、复杂的感受、体验及反思。这是因为，一方面对于女性而言，进入酒吧是她们对传统属于男性的公共空间和休闲领域的探索，是对传统性别角色和期待的颠覆，但另一方面她们却又不得不迎合酒吧的"性别化"期待以获得准入资格，这无疑是与她们对自身的自主、独立的强调和对传统性别角色的挑战的初衷相违背的。不仅如此，不论是对公共空间和休闲领域的占领，还是年轻女性在其中的高度性别化的表征，这二者在不同程度上都是与传统的性别角色和期待背道而驰的，这也就是社会主流对女性泡吧普遍持负面观感的根源。事实上，很多受访者也承认自己存在对其他泡吧女性的偏见。总而言之，对于大多数作为第一代泡吧者的受访者而言，进入酒吧享乐是一个无法调和的两难境地，她们承受着来自自身、酒吧和社会的三重压力，也正是在这个意义上，我认为酒吧构成了一个涵盖范围更大的、关照整体生活的话语空间和伦理时刻的阈限空间。在本章中，我引入道德停顿的概念，认为酒吧所建构的"阈限空间"不仅是一个年轻女性需要在其中对享乐和风险进行协商的、基于特定时空的新实践空间，还会构成她们对欲望和尊严进行协商的话语空间和伦理时刻。

在社会主流对女性泡吧普遍持负面态度的情况下，年轻女性仍然选择进入酒吧本身就是对传统性别权力关系的颠覆，而作为准入条件，她们又不得不接受酒吧的"性别化"设定。不仅如此，从上一章受访者如何在酒吧中进行享乐与规避风险的各种协商实践来看，年轻女性亦在不同程度上同时接受和抵抗了酒吧的高度"性别化"。对"性别化"不同程度的接受和抵抗显然与受访者对新、旧规范的感知、体验和反思相关。受访者对酒吧的性别化和社会主流相关的负面态度的理解和不同程度的接受、抵抗正体现了改革开放之后，传统的性别话语的复苏、市场话语的进驻和国家层面所培育的男女平等观之间的交织。

首先，受访者大都尝试从基于个体主义和利益导向的消费主义话语出发来理解和接受酒吧的性别化设定和意图，她们拒绝将自己定位为"被压迫的受害者"，认为这是酒吧、进入酒吧的男性和进入酒吧的女性几方之间的"互惠互利"。不仅如此，个体、自由、赋权等消费主义价值观亦被受访者用来瓦解传统性别规范对于女性享乐的束缚，她们十分强调在具体的消费过程和互动等情境、关系中享受乐趣、独立，感受赋权和尊重，以及进行抵抗的信心，以此来回应酒吧性别化的设定和社会的负面态度。其次，由于国家对鼓励"男女平等"的相关政策和市场经济的推行，多数受访者在早期的性格形成阶段几乎没有明显的性别偏见，也较早地接受了强调个人欲望和选择的个人主义价值观（Wu and Dong，2019）。因此，尽管大部分受访者也不得不在某种程度上接受酒吧的性别化设定，但她们对性别有着更具颠覆性、反思性的理解和实践，她们通过自己付费和更具攻击性的心理态势来拒绝酒吧性别化的消费和互动模式。不仅如此，一些受访者强调自己会通过女性气质的调整这种颇具后现代特征的"性别操演"策略来回避来自社会的负面态度及其可能带来的消极影响。

　　总而言之，我认为，酒吧所建构的阈限空间事实上是由消费主义力量对传统性别文化的收编建构而成的，目的是开拓无边界的市场，女性要么需要迎合父权制对女性的传统期待，体现自己的"生产力"，要么就要迎合消费文化对资本的追求，展现自己的消费能力或文化资本，如此才能够翻转女性的从属身份。然而，并不是所有的女性都有足够的消费能力或者选择能力来抵抗酒吧中的消费和互动模式，因此，酒吧文化显然不仅是高度性别化的，亦是有阶层倾向的。而由于性别的本质观念的回归和以个体主义为基础的市场话语的渗透，这种在所谓的性别的自然表达掩盖之下的阶层差异被更深地掩盖了。

传统的父权制力量和西方新自由主义力量所形塑的消费文化之间的冲突与重叠使得年轻女性对在酒吧中的风险与享乐，乃至欲望与尊严之间的协商十分困难、不稳定。不仅如此，尽管受访者普遍非常强调自身的自主、自信、独立，但不管是大众对泡吧女性的性别刻板印象和双重标准的归因还是应对，相关的女性主义意识和话语在受访者的论述中都严重缺席。我认为，尽管在我国有国家层面长期以来所培育的男女平等观，但由于未曾经过女性主义大潮的冲击，不了解社会性别概念，加之改革开放后传统性别话语的复苏和以个体主义为原则的市场话语的进驻，当代中国年轻女性仍然缺乏对男性中心文化主流话语的警觉和剖析（李小江，1989），甚至对女性主义存有偏见。那些无法将矛头指向男性的受访者，只能诉诸女性群体内部的差异或其他伦理实践来协商自身作为"伦理主体"的存在，使自己在别人眼中，也在自己眼中成为道德上更为得体、更能被接受的人，以此协商自身作为"伦理主体"的存在，以缓解来自自身、酒吧和社会的三重压力。他者话语的建构和"去常态化"是受访者为了建构"道德主体"的两种主要的伦理实践。

具体而言，首先，受访者基于身体呈现、饮酒实践和互动实践的，对自身行为的辩护都是通过这种"他者化"其他女性的行为、生产自身相对于他者的差异来完成的。由于缺乏对男性中心文化的警觉，女性这种他者话语的建构更进一步制造出了女性整体的分化。在单一的集体制被打破、"阶级"退场后的市场转型期，人们并没有实质性的阶层观念，加之大多数女性都尽可能迎合酒吧的中产阶层化和高度性别化的期待来呈现自己，书中提及的他者化并没有明显的阶层指向，在这里，阶层更关乎差异。正如学者所言，在消费文化中，阶层不再是一个取决于经济资源的分类系统，而是一个依据日常生活经验、经由话语产生的类别（Bottero，2004；Reay，2001；Skeggs，1997，2004；Walkerdine et al.，2001）。在当前语境中，大多数人并没有实质性的阶层概念和意识，因此，我认为，这种依据日常生活经验、经由话语产生的类别亦更贴近受访者通过"他者化"所建构的阶层分化，这是一种活生生的经历。

其次，相对于通过他者化其他女性"过度"的身体呈现、饮酒和互动实践来为自己的行为辩护，一些受访者通过强调自身的"过度"行为发生时所处的特定阶段、特殊情况和特定条件，来为自己的行为做辩护，尽管这种策略在某种程度上似乎承认了自己做了"不该做"的事情。这造成了女性主体的分裂。

总而言之，酒吧所提供的阈限空间构成了与性别实践相关的范围更大的、关照整体生活的伦理时刻和话语空间的交叠，为我们提供了一个窥探处于"压缩现代性"中的性别、阶层和伦理的交织与变迁的另类实验室，国家、市场、文化、个人在其中交织、互动。

从性别的角度来看，酒吧所提供的女性可以在其中探索新的可能性的阈限空间似乎也只是消费文化和父权制一起设下的"陷阱"，她们对"性别化"的接受或拒绝似乎都没能跳出父权制的异性恋框架。但是，这并不是说女性就是消费文化的傀儡或受害者，如学者所说，"抵抗"是关于权力位置之间的关系（Pile，1997；Rose，2002），自由亦是一种为了自己的目的而采取/影响（或拒绝采取/影响）行动的可能性，它是"程度问题而非绝对权利"，一种"获得而非授予"的东西

（Grosz，2011）。在本书中，我们确实看到了女性在这个阈限空间中所拥有的发掘新的女性身份和改写性别剧本的能力和机会，尽管这种颠覆仍在某种程度上停留在异性恋框架之中。从这个意义上来讲，阈限空间这个概念可以让我们超越能动和结构的二元对立，既不把女性当成傀儡，也不把女性看作是完全自由的。事实上，受访者所展现出的那种并不从女性整体出发的、个体层面的抵抗，恰恰有可能提供一个后现代女性主义所强调的超越"女性"和"政治"范畴的结合解放政治和生活政治的微观政治可能。

从阶层的角度来看，由传统的父权制力量和西方新自由主义力量的矛盾和共谋所形塑的消费文化亦是阶层化的。首先，并不是所有的女性都有足够的消费能力或者选择能力来抵抗酒吧中消费和互动模式，并且，由于性别的本质观念的回归和以个体主义为基础的市场话语的渗透，这种在所谓的性别的自然表达掩盖之下的阶层差异被更深地掩盖了。其次，由于酒吧中的风险与享乐，乃至欲望与尊严之间的协商十分困难、不稳定，加之当前年轻女性仍然缺乏对男性中心文化主流话语的警觉和剖析，甚至对女性主义存有偏见，我接触到的那些无法将矛头指向男性的受访者，只能诉诸女性群体内部的差异或其他伦理实践来协商自身作为"伦理主体"的存在，这造成了女性主体的分裂和女性整体的进一步分化。正如相关批判学者指出的，这种阈限空间所呈现的关于女性和女性主义的话语空间展现了一种"新自由主义治理术"，这种治理术不仅是阶层化的，还是女性化的（Skeggs，2004；Gill，2007；McRobbie，2007；哈维，2010）。

第七章　消费新语境中的中国年轻女性

第一节　矛盾的性别实践

在社会主流普遍持负面态度的情况下，年轻女性依然选择进入酒吧，敢于在酒吧中进行新的性别实践的原因在于她们对所处语境的信心，这里所谓的语境主要指涉宏观层面社会治安的改善、群体素质的提高以及酒吧所建构的阈限空间的开放性和可能性，更重要的是自身对这种负面态度进行抵抗的意识和信心。国家、市场、文化与个人在其中发生多层次的、复杂的相互作用。新、旧规范的冲突和共谋使得年轻女性对性别与阶层的主体性体验变得矛盾、不确定，这迫使她们不得不诉诸伦理实践以使自己成为在自己和他人眼里"可接受"的人，年轻女性个体在其中展现和体验着多重的、矛盾的和处于变动中的能动性，它让我们看到女性在性别权力关系中的约束和可能，让我们得以窥探性别与阶层在中国语境中所经历的变迁。在市场转型期中国的城镇化、社会流动、性别文化和阶层分化变迁的进程中，酒吧所建构的阈限空间可以被理解为一个"压缩现代性"的实验室，年轻女性在其中重新体验、感受、参与性别与阶层的重构，她们对道德主体的协商正是社会变迁在主观体验上的显现。

　　酒吧是一个既能够体现后现代的消费文化特征，又存在于中国特定的市场转型期语境下的充满对立、矛盾和竞争特征的酒场域，进入该酒场域的年轻女性正是属于夜晚经济时代的消费主义者和享乐主义者（Hollands，1995），同时又是身处特定的性别文化历史发展中的个体，国家、市场、性别文化和个人实践在其中相互作用。宏观层面的国家经济结构的调整、社会治安的改善，中观层面的酒吧产业的经营转型以及微观个体休闲需要的增加使得越来越多的女性走进酒吧，但是传统的性别文化显然仍在对女性进入酒吧、享受酒吧休闲产生影响。社会大众，乃至受访者自身和酒吧的相关从业人员对去酒吧女性的负面观感并非凭空而来。如前所述，社会大众、泡吧女性自身以及酒吧的相关从业人员对酒吧的负面观感既来自导论中所涉及的大众媒体对于酒吧的"高度性别化"呈现，亦来自个体的生活经验和日常交流，其根源都是传统性别文化的存续。新的鼓励女性独立、自由和享乐的消费文化和旧的传统性别文化在酒吧中并存，对于受到享乐号召的女性而言，她们不仅要应对酒吧对她们的性别化期待及其可能带来的风险，更要面对来自自身和社会大众对泡吧女性普遍所持的负面态度。

　　从时间和空间的维度来看，酒吧是一个基于景观时间、通过建构特定景观空间来盈利的休闲娱乐场。我们还需要从两个维度来看这个景观：从物的角度来看，酒吧中的景观是处于不断变换中的，场地、灯光、音响等的不断切换和更新才能营造出所谓的"氛围"，吸引消费者前来；从人的角度来看，酒吧是通过对性别景观的构建与维系来进行盈利的。物的景观和人的景观相互配合，共同系统化为资本的盈利机制。作为景观背后的布景者和导演，资本巧妙地使"新的消费文化"和"传统的性别观念"这两种相互矛盾的话语相互抱合，形成其意识形态支撑。对酒吧中性别景观的构建和维系的过程的考察可以让我们更清晰地看到年轻女性在酒吧中的状态及其背后的资本力量。正是在对酒吧"性别化"过程的具体探讨中，我认为，"新的消费文化"和"传统的性别观念"在酒吧中的交织构成了一个"阈限空间"。年轻女性在其中的休闲享乐进行的性别实践十分具有张力，这种张力支持女性实现消费模式的平等，并通过敦促她们从事性别劳动以获得优惠待遇和审美上的女性化来获得性上的赋权，因此可以总结为"缺乏女性主义意识的个体化实践"

在第五、六章中，我引入阈限空间概念，尝试建构一种"空间－性别"框架，认为基于酒吧文化所建构的"阈限空间"不仅是一名年轻女性需要对两种不同的文化意识的交织所产生的开放性和可能性带来的享乐与风险进行协商的、基于特定时空的实践空间，还构成了由这一阈限空间的暂时性和非决定引发的、对更深层次的欲望与尊严进行协商的话语空间及伦理时刻。首先，从实践维度来看，对于女性而言，酒吧是一个既可以享乐，但同时又充满风险的阈限空间。在第五章中，本书通过受访者在酒吧中的身体呈现、饮酒实践和互动实践三个方面的协商来呈现年轻女性在这个阈限空间中的矛盾与挣扎，认为这个阈限空间为女性提供了发掘、感受和体验新的女性身份、性别剧本的机会，却也让女性继续深陷于传统的异性恋框架中。其次，从含括话语空间和伦理时刻的阈限空间来说，传统的父权制力量和新自由主义力量所形塑的消费文化之间的冲突与"共谋"使得年轻女性对在酒吧中的风险与享乐，乃至欲望与尊严之间的协商十分困难、不稳定。年轻女性受到酒吧的营销广告和更大的消费文化对个体、独立、自由和享乐的女性表征的鼓励，也理所当然地用新自由主义话语来理解和回应酒吧的性别化和来自社会主流的负面态度。然而，事实上，这些所谓的新自由主义话语夹杂着对传统性别文化的接受和妥协，不仅无法帮助这些泡吧的年轻女性解决介于新旧规范之间的两难，也无法帮助她们去应对社会主流的污名，这也正是受访者通常采用回避性的协商策略或者仍然深陷于由于社会主流对女性泡吧的负面态度给她们的生活带来的困顿之中的原因。

在基于酒吧文化所建构起来的阈限空间中，年轻女性不仅进行着有关性别文化的新的实践与反思，亦经历着重新辨认、体验和实践新的阶层分化过程；在集体被打破、"阶级"退场后的当代中国，阶层的表达、协商与新的作为差异政治资源的性别范畴紧密相连，消费文化在其中发挥着关键作用。在当前所处的市场转型期，中国阶层的重构与新的作为差异政治资源的"性别"范畴交织在一起，显然有"女性化"倾向。首先，从第四章来看，酒吧的性别化特征在某种程度上解释了为什么酒吧是"中产阶层化"的。这是因为，在高度性别化的酒吧，拥有高消费能力男性才会被认为拥有更强的男性气质，他们会吸引最年轻漂亮的女性，以这些女性作为传达其消费能力乃至社会地位的表征。其次，从第五章、第六章来看，新的阶层重构通过话语来建构，且更关乎差异。由于始终缺乏社会性别意识，无法将矛头指向男性的女性只能诉诸群体内部的差异或其他道德实践来协商自身作为"道德主体"的存在，加之对个体、差异的影响，女性群体进一步分化。

事实上，我认为，酒吧所提供的女性可以在其中探索新的可能性的阈限空间只是消费文化经由对父权制和女性主义的同时收编而设下的"陷阱"，所谓的自由、选择和抵抗也只是消费文化为了开拓市场所创造出来的拟像（鲍德里亚，2006），这种拟像只是为了开拓父权制的性别符号所蕴含的市场资源。因此，正如斯维德勒（Swidler，1986，2001）的文化工具包概念所说，资本会巧妙地利用新自由主义和传统性别观中相互矛盾的话语为自己开拓市场。一方面，消费文化鼓励女性的欲望和情感表达，尽可能展现性感漂亮、享乐放纵，甚至成为性主体，正是这种看似十分具有颠覆性、反思性的新自由主义话语让女性自愿成为生产力。另一方面，从两性的互动和酒吧整体的氛围来看，酒吧展现远比日常生活更传统的性别权力关系，这敦促男性掏钱为女性买单，不管他是否有足够的消费能力，否则会没有"面子"。① 资本是新自由主义的目标所在，在深受新自由主义影响的酒吧文化乃至更广泛的大众文化中，女性要么需要迎合父权制而成为生产力，要么就要迎合资本成为消费力。如果说对自由独立、享乐放纵等新自由主义话语的强调是为了开拓性别符号本身所泛化而成的市场资源，那么这种自由独立、享乐放纵可能给女性带来的物化或者污名亦只能通过其所拥有的资本来平衡。这回应了国外学者认为新自由主义的理想主体是中产阶层的，亦是女性化的观点（Skeggs，2004；Gill，2007；McRobbie，2007；哈维，2010）。

　　新、旧规范之间的冲突与"共谋"使得女性对在酒吧中的享乐与风险、欲望与尊严之间的协商十分不稳定和困难。不仅如此，尽管受访者普遍非常强调自身的自主、自信、独立，

---

　　① 来自受访者潘俊的总结。——笔者注

但是不管是大众对泡吧的性别刻板印象和双重标准的归因还是应对，相关的女性主义意识和话语在受访者的论述中都严重缺席。我认为，尽管有国家层面所培育的男女平等观，但由于未曾经过女性主义大潮的冲击，不了解社会性别概念，加之改革开放后传统性别话语的复苏和以个体主义为原则的市场话语的进驻，当代中国年轻女性仍然缺乏对男性中心文化主流话语的警觉和剖析（李小江，1989），甚至对女性主义存有偏见。无法将矛头指向男性的受访者，只能诉诸女性群体内部的差异或其他伦理实践来协商自身作为"伦理主体"的存在，使自己在别人眼中、也在自己眼中成为道德上更为得体、更能被接受的人，协商自身作为"伦理主体"的存在，以缓解来自自身、酒吧和社会的三重压力，这进一步制造了女性主体的分裂和女性群体之间的分化。

在社会转型期，阶层化显然有"女性化"倾向，它经常与作为新的差异政治资源的"性别"范畴交织在一起，女性特定的性别化呈现被用来传达男性消费者的社会地位，而这种性别化表演掩盖下的阶层差异由于符合主流的本质化性别话语而被自然化和忽视了，这与国内学者的研究结果相一致（Hanser，2004；Pun，2003；Wang，2005）。不仅如此，阶层更关乎差异，是一个依据日常生活经验、经由话语产生的类别（Bottero，2004；Reay，2001；Skeggs，1997；2004；Walkerdine et al.，2001）。在中国语境中，大多数人并没有实质性的阶层概念和意识，因此，我认为这种依据日常生活经验、经由话语产生的类别亦更贴近受访者通过"他者化"所建构的阶层分化，这是一种活生生的经历。

"抵抗"应该是关于权力位置之间的关系（Pile，1997；

Rose，2002），自由亦是一种为了自己的目的而采取/影响（或拒绝采取/影响）行动的可能性，它是"程度问题而非绝对权利"，一种"获得而非授予"的东西（Grosz，2011）。这也是我采用阈限空间这个概念来进行分析的原因，它可以让我们超越能动和结构的二元对立，看到权力关系的位移，既不把女性当成受害者或者文化傀儡，也不把女性看作具有完全的能动性。女性在这个阈限空间中拥有发掘新的女性身份和改写性/别剧本的能力和机会，尽管这种颠覆仍在某种程度上停留在异性恋框架之中，她们并不全然是消费文化和父权制的受害者或者傀儡。作为"第一代"泡吧者的年轻女性，她们大都是独生子女，或者只有 1 个兄弟姐妹。并且，由于国家层面所长期培育的男女平等观、传统性别话语的复苏和以个体主义为原则的新自由主义话语的进驻，一方面，她们可以获得家庭所能支配的所有资源，也较早地接受了强调个人欲望和选择的个人主义价值观（Wu and Dong，2019）；另一方面，她们缺乏对男性中心文化的警觉和剖析，也没有激进的性别意识。

如果说西方"后现代女性主义"图景是后现代女性主义理论发展的困境在大众文化中的表征，那么书中所呈现的国家、市场、性别文化和个人文化实践在其中相互作用、基于酒吧所建构起来的阈限空间可以被理解为当前后现代女性主义理论发展困境的现实表征，因为它们同样指涉一种针对女性的"新自由主义治理术"和女性主义发展的困境——现在的女性深陷于性别化的消费文化中，且女性主义由于被收编而失去批判力。然而，我认为，在新、旧规范交织的阈限空间中，从年轻女性在其中的实践、感受、体验与反思来看，在没有经过女性主义大潮洗礼的情况下，处于转型期中国的年轻女性对超越

"性别范畴"的个体、自由、权力的强调，以及并不从女性整体出发而是从个体层面出发的对传统性别文化的反思和抵抗，恰恰"误打误撞"地指向了当代女性主义所强调的超越"女性"和"政治"范畴的结合解放政治和生活政治议题的微观政治的可能性。如果说中国的国家层面所培育的男女平等观念是一种"超前的女性主义"（李小江，2000），当前年青一代女性中也存在超前的"后现代女性主义"思想与政治。

通过对中国年轻女性泡吧者的休闲生活选择和性别实践的探讨，我认为，在压缩现代性的背景下，在新自由主义的个人主义和本质主义的性别脚本之间的矛盾交织中，当代中国年轻女性走出了一条另类的女性主义发展历程。她们既关心如何享受休闲生活，又将自由、平等和权利等宏大议题纳入考量；不过，这种压缩的女性主义发展历程显然存在内生缺陷，它受困于新自由主义的消费文化和国家抽象的男女平等话语和传统的性别制度的结盟和冲突之中，造成了女性主体的分裂和女性群体的分化，使女性在日常生活中经历矛盾和断裂。

总而言之，中国女性泡吧者中虽然存在 Yi（2021）所说的个体主义指导个体化实践的现象，但也存在 Chang 和 Song（2010）所说的实践先于意识形态的另一种现象，即先于女性主义意识发展的性别政治。我们认为，存在于中国女性泡吧者中的有新自由主义的个体主义的个体化实践是使得她们独特的性别政治成为可能却又存在缺陷的原因之一——她们强调自身作为个体而非女性整体出发的欲望和自由。本书将这种个体化和性别实践的交互和张力总结为追求没有女性主义的个体主义。随着本轮全球化影响下的个人化，个人主义作为一个文化和制度力量的系统，已经将各国社会纠缠在一起，社会成员们

对全球化的接触不同，与现代性项目的关系也不均衡。Chang
和 Song（2010）提出了"没有个人主义的个人化"的概念，
以强调韩国妇女搁浅的个人主义及其与被压缩的现代性的关
系，而中国的情况表明，应该考虑到东亚妇女个人化的其他文
明条件的不同路径。中国的案例将个体化理论带出了它原来的
压缩的现代性框架，并表明中国对现代性的追求必须同时处理
个人主义和女性主义的压缩条件。压缩现代性在不同的社会语
境和生活场景中表现为不同的样态和维度，这些不同的形式和
维度交织在一起，使得未来的发展极具开放性，需要我们持续
的、广泛的关注（Huang and Liu，2022）。

第二节　经验性的性别研究与理论性的国际对话

经验意义

1. 弥补国内有关饮酒的性别研究的不足

酒的相关实践及后果经常被作为分化、象征和规范性别角
色的重要途径和依据（Joffe，1998；Warner，1997）。普遍的
饮酒模式中的性别差异可以帮助我们理解社会是在何种程度上
分化性别的。因此，更好地理解男性和女性的饮酒实践中的差
异是回答社会为什么、怎么样让男女两性表现不同的关键所在
（Wilsnack et al.，2005）。近几十年来，人们越来越关注饮酒
行为作为分化性别角色的一方面，因为在一些社会中饮酒行为
中的性别差异变得越来越小，关于这个趋势的一个普遍假设是
女性拥有更多扮演传统男性角色的机会，这鼓励了女性饮酒
（Bergmark，2004；Bloomfield et al.，2001），并且这些女性通

常是年轻人（Grant et al.，2004；McPherson et al.，2015）。然而如前所述，社会大众对于泡吧的女性仍然普遍持负面态度，尽管有越来越多的年轻女性进入酒吧，但是这种性别差异的变化趋势只是表现在饮酒行为的某些方面（Grant et al.，2004），比如说女性只是获得了在形式上的饮酒的平等机会。中国的饮酒文化源远流长，我们需要进一步了解具体社会文化背景中女性的饮酒行为及相关实践，尤其是在当前复杂的、全球化的消费社会语境中。本书可以帮助我们从饮酒行为的性别差异的变化中窥探两性角色的变迁，对中国源远流长的饮酒文化做出更有延伸性的理解。

2. 弥补国内在休闲消费研究领域上的不足

如导论所言，消费应该是研究中国后社会转型期的一个核心范畴。本书是以消费文化日益兴起的转型期社会为研究背景和研究对象的。在目前国内的相关研究中，消费文化通常只是作为一个抽象的大背景或者说事实存在，而不是研究对象或研究内容本身，缺乏对本土语境的考量。并且，就具体研究领域而言，学界目前对于文化消费的关注尤为不足，忽略了教育、旅游、休闲等文化消费的重要领域。在具体研究方法上，国内研究亦更多注重宏观的量的描述，缺少文化消费的质性研究。因此，本书的研究意义亦在于从微观层面对文化消费进行研究，弥补国内消费研究在研究领域和质性研究方面的不足。

3. 对国外相关研究不足的补充

首先，国外学者在某种程度上片面使用了后现代女性主义视角，只是揭示女性在酒吧中的所谓的"自由"和"选择"的假面，而未能看到女性个体在其中复杂、矛盾的能动性及实践，陷入了"结构－能动""压迫－受压迫"的二元对立的泥淖当中。事实上，受害者立场正是后现代女性主义以及许多年轻女性所拒绝的。这也正是我重新梳理后现代女性主义，亦尝试建构"空间－性别"分析框架的原因。我们应该超越能动和结构的二元对立，在当前的社会语境和更具体的关系情境中，看到权力关系的位移，理解女性的实践与反思，审视她们所受到的压迫和所拥有的自由和选择。我想做的是，呈现女性在当前的社会语境和更具体的关系情境中的矛盾和复杂状态，而不是一味地批判。

其次，我并未将"性别化"作为酒吧的本质特征，而是对酒吧"性别化"的具体过程进行了探讨。对酒吧"性别化"过程的分析有助于我们在更宏观的消费文化语境和更具体的关系语境中来理解女性在酒吧中的实践和反思及其背后的资本力量。

理论意义

1. 对性别、阶层及其交互性的理论探讨

如前所述，在强调集体主义的计划经济时期，国家所提倡的男女平等仍然是以男性为中心的。而在个体主义日盛的社会转型期，主流话语对具有独立自主意识的女性主体的强调是为了弥补"阶级"退场后的共同体空缺，"性别"范畴是作为重构社会族群的差异性政治资源而出现的（董丽敏，2016）。作为一个基于特殊的历史土壤，身处后现代消费社会转型期的文化消费领域，酒吧中的年轻女性之间、女性与男性之间直接或间接的互动、矛盾与竞争是我们窥探当前语境下中国的性别、女性气质、阶层、身份认同等的最新变化趋势的绝佳窗口。由于国家层面所长期培育的男女平等观、传统性别话语的复苏和以个体主义为原则的市场话语的进驻，当代的年轻女性有着复杂、矛盾的能动性和实践：一方面，她们可以获得家庭所能支配的所有资源，也较早地接受了强调个人欲望和选择的个人主义价值观（Wu and Dong，2019）；另一方面，她们缺乏对男性中心文化的警觉和剖析。不过，这种超越性别范畴的对个体、自由、权力的强调却使得当代的年轻女性有可能超越"女性"和"政治"范畴而建构一个后现代女性主义所指向的结合生活政治和解放政治的微观政治模型。并且，在单一的集体制被打破、"阶级"退场后的市场转型期，阶层的表达与协商与性别不平等紧密交织（Barber，2008；Bettie，2000），消费主义积极参与到了转型期中国的阶层重构中（王宁，2012），人们依据日常生活、经由话语在主观上建构和感受阶层分化。

2. 女性主义理论的本土化发展和国际对话

女性主义理论发展在国内滞后于国外学界，本书对后现代女性主义的梳理有助于学界进一步了解后现代女性主义理论的发展。不仅如此，在后现代女性主义理论的指导下对于中国年轻女性的女性主义意识与大众文化中关于女性和女性主义话语呈现的研究，不仅有利于女性主义理论的本土化发展，亦是对后现代女性主义理论整体发展的贡献。

后现代女性主义使得包括中国女性在内的第三世界女性的经验变得可见，这种可见的经验有可能对欧美主流女性主义的核心范畴和假设发起挑战，进而改变性别不平等的基础（Carby，1982；Walby，1990）。中国女性的解放运动的纵深发展必须从真实了解处于不同社会位置中的女性的经验出发，在此基础上，女性才有可能在实践层面上准确地抵抗她们自身受到的压迫，这也就是后现代女性主义的微观政治所说的日常的、个体层面上的抵抗（Mann，1994）。但是，这并不是说后现代女性主义就放弃了与宏观社会结构的对话。与利奥塔（1997）相反，我们首先应当承认，后现代的批判既不能放弃大型历史叙述，也不能放弃对社会宏观结构的分析。这一点对女性主义来说非常重要，因为性别主义有很长的历史而且在当代社会仍旧影响深广（弗雷泽、尼科尔森，1997）。从个体的、具体的情境出发去理解中国语境中的女性的经验，而不是套用某个成型的西方理论，这正是本书在理论层面上可能对国内外女性主义的发展有所贡献的地方。

书中的女性并不是"后现代女性主义"图景中单向、静态的形象，而是具有反思性、能动性的，所以这给我们提供了一个深处后现代女性主义图景中的女性如何可能有所作为，有所反思的可能。从研究结果来看，处于转型期中国的年轻女性对超越"性别范畴"的个体、自由、权力的强调，以及并不从女性整体出发的，而是基于个体层面出发的、对传统性别文化的反思和抵抗，恰恰"误打误撞"地指向了后现代女性主义所强调的超越"女性"和"政治"范畴的结合解放政治和生活政治议题的微观政治的可能性。这也为后现代女性主义的政治可能性提供了一个现实依据。

参考文献

阿里夫·德里克，2009，《重访后社会主义：反思中国特色社会主义的过去、现在和未来》，吕增奎译，《马克思主义与现实》第 5 期。

阿诺尔德·范热内普，2010，《过渡礼仪》，北京：商务印书馆。

爱弥儿·涂尔干，2002，《社会学与哲学》，梁栋译，上海：上海人民出版社。

白蔚，2010，《改革开放以来中国女性消费身体的现代性悖论》，《中州学刊》第 5 期。

包亚明，2006，《消费文化与城市空间的生产》，《学术月刊》第 5 期。

本尼迪克特·安德森，2003，《想象的共同体：民族主义的起源与散布》，吴叡人译，上海：上海人民出版社。

彼得·拉特兰，2010，《后社会主义国家与新的发展模式的变化：俄罗斯与中国的比较》，王新颖译，《经济社会体制比较》第 2 期。

布莱恩·特纳，2000，《身体与社会》，马海良、赵国新译，沈阳：春风文艺出版社。

柴彦威、翁桂兰、刘志林，2003，《中国城市女性居民行为空间研究的女性主义视角》，《人文地理》第 4 期。

陈劼，2015，《厦台发展文化创意产业的政策支持比较研究》，《台湾研究集刊》第 3 期。

陈硕，2018，《改革开放以来新发展观的成就及其世界意义——以新自由主义发展观为参照》，《江西社会科学》第 10 期。

陈微，2003，《青年时尚的足迹（1990－2003）》，《中国青年研究》第7期。

哈维·大卫，2010，《新自由主义简史》，王钦译，上海：上海译文出版社。

丹尼尔·贝尔，2007，《资本主义文化矛盾》，赵一凡、蒲隆、任晓晋译，南京：江苏人民出版社。

戴锦华，2003，《大众文化中的阶级与社会性别》，杜芳琴、王向贤主编《妇女与社会性别研究在中国》，天津：天津人民出版社。

邓天颖，2010，《想象的共同体：网络游戏虚拟社区与高校亚文化群体的建构》，《湖北社会科学》第2期。

丁国强，2018，《扫黑除恶是推进国家治理现代化的关键一役》，《楚天法治》第6期。

董丽敏，2016，《"政治化"性别：走向"公民社会"？——以"后社会主义"中国为场域的考察》，《开放时代》第1期。

杜芳琴，2001，《妇女研究的历史语境：父权制、现代性与性别关系》，《浙江学刊》第1期。

杜芳琴、王向贤，2003，《妇女与社会性别研究在中国（1987－2003）》，天津：天津人民出版社。

米歇尔·福柯，2010，《福柯读本》，汪民安译，北京：北京大学出版社。

——2016，《自我技术》，吴蕾译，汪民安编《福柯文选Ⅲ：自我技术》，北京：北京大学出版社。

吉登斯，安东尼，2001，《失控的世界》，周云红译，南昌：江西人民出版社。

高宣扬，2005，《当代法国思想五十年》，北京：中国人民大学出版社。

格奥尔格·卢卡奇，2011，《历史与阶级意识》，杜章智、任立、燕宏远译．北京：商务印书馆。

龚浩群，2018，《灵性政治：新自由主义语境下泰国城市中产阶层的修行实践》，《中央民族大学学报》（哲学社会科学版）第4期。

龚敏、王华明，2011，《厦门市发展转型的战略背景》，朱崇实编《转型与发展：厦门转变经济发展方式问题研究》，厦门：厦门大学出版社。

辜桂英，2008，《全球化背景中的城市消费空间——广州市环市东酒吧街研究》，中山大学硕士学位论文。

郭滢、刘怀玉，2017，《从马克思主义解放理论到当代女性主义：问题的实质、争论与反思》，《河南社会科学》第12期。

何明，1998，《少数民族酒文化刍论》，《思想战线》第12期。

何明洁，2009，《劳动与姐妹分化——"和记"生产政体个案研究》，《社会学研究》第2期。

扈海鹏，1997，《女性主义：一种新的文化视角与文化语境——关于"女性主义"在中国存在方式的思考》，《天津社会科学》第3期。

黄继锋，2004，《唯物主义女权主义》，《国外理论动态》第3期。

黄燕华，2017，《饮酒文化中的性别权力关系》，厦门大学硕士学位论文。

佳亚特里·斯皮瓦克，1985，《底层人能说话吗?》，陈永国、赖立里、郭英剑编《从解构到全球化批判：斯皮瓦克读本》，北京：北京大学出版社。

杰华，2006，《都市里的农家女：性别、流动与社会变迁》，吴小英译，南京：江苏人民出版社。

金晓彤、崔宏静，2013，《新生代农民工社会认同建构与炫耀性消费的悖反性思考》，《社会科学研究》第4期。

金一虹，2006，《"铁姑娘"再思考——中国文化大革命期间的社会性别与劳动》，《社会学研究》第1期。

居伊·德波，2006，《景观社会》，王昭凤译，南京：南京大学出版社。

康均心，2018，《从打黑除恶到扫黑除恶》，《河南警察学院学报》第3期。

克里斯·希林，2010，《身体与社会理论》，李康译，北京：北京大学出版社。

匡导球，2006，《突破"瓶颈"制约 推动文化产业发展》，《江苏社会科学》第 6 期。

蓝佩嘉，2011，《跨国灰姑娘：当东南亚帮佣遇上台湾新富家庭》，长春：吉林出版集团。

雷金庆，2012，《男性特质论：中国的社会与性别》，刘婷译，南京：江苏人民出版社。

李长生，2018，《视觉现代性的褶曲：景观社会视觉机制研究》，北京：人民出版社。

李春琦、张杰平，2009，《中国人口结构变动对农村居民消费的影响研究》，《中国人口科学》第 4 期。

李兰，2008，《从文化产业的发展探析人才需求》，《科技信息（学术研究）》第 2 期。

李荣荣，2017，《伦理探究：道德人类学的反思》，《社会学评论》第 5 期。

李荣誉、刘子曦，2018，《健身与男性气质构建——从 X 市健身房的实践出发》，《妇女研究论丛》第 3 期。

李小江，1989，《妇女研究在中国》，杜芳琴、王向贤主编《妇女与社会性别研究在中国》，天津：天津人民出版社。

——2000，《50 年，我们走到了哪里？——中国女性解放与发展历程回顾》，《浙江学刊》第 1 期。

——2006，《女人：跨文化对话》，南京：江苏人民出版社。

亨利·列斐伏尔，2008，《日常生活批判》（第 2 卷），叶齐茂、倪晓辉译，北京：社会科学文献出版社。

黄继锋，2004，《唯物主义女权主义》，《国外理论动态》第 3 期。

莉丝·沃格尔，2009，《马克思主义与女性受压迫：趋向统一的理论》，虞晖译，北京：高等教育出版社。林春，2003，《国家与市场对女性的双重作用》，杜芳琴、王向贤主编《妇女与社会性别研究在中国》，天津：天津人民出版社。

林春等，2004，《试析中国女性主义流派》，邱仁宗主编《女性主义哲学与公共政策》，北京：中国社会科学出版社。

林耿、王炼军,2011,《全球化背景下酒吧的地方性与空间性——以广州为例》,《地理科学》第 7 期。

刘程、黄春桥,2008,《流动:农村家庭消费观念现代化的动力——基于中西部五省的实证研究》,《社会》第 1 期。

刘娟、刘于思,2012,《试论消费文化下的泛女性气质——以〈瑞丽·伊人〉与〈时尚·先生〉叙述的两性角色为例》,《中国出版》第 23 期。

刘燕,2009,《国家认同建构的现实途径:大众媒介与"想象社群"的形成》,《浙江学刊》第 6 期。

罗莉芳、汪宏桥,2005,《上海的都市化和后现代文化》,《江西社会科学》第 3 期。

罗丽莎,2006,《另类的现代性——改革开放时代中国性别化的渴望》,黄新译,南京:江苏人民出版社。

罗斯玛丽·亨尼西,1993,《唯物主义女性主义与话语的政治学》,秦美珠编《女性主义的马克思主义》,重庆:重庆出版社。

毛中根、孙武福、洪涛,2013,《中国人口年龄结构与居民消费关系的比较分析》,《人口研究》第 3 期。

苗小露、孟丽荣,2018,《女权主义的马克思主义女性解放理论问题的反思与批判》,《国外社会科学》第 3 期。

闵冬潮,刘薇薇,2010,《质疑 挑战 反思——从男女平等到性别公正》,《妇女研究论丛》第 5 期。

默克罗比·安吉拉,2001,《后现代主义与大众文化》,田晓菲译,北京:中央编译出版社。

莫少群,2006,《20 世纪西方消费社会理论研究》,北京:社会科学文献出版社。

南希·弗雷泽、琳达·尼科尔森,1988,《非哲学的社会批判——女权主义与后现代主义的相遇》,李银河编《女性:最漫长的革命》,北京:生活·读书·新知三联书店。

潘忠党、於红梅,2015,《阈限性与城市空间的潜能——一个重新想象传播的维度》,《开放时代》第 3 期。

皮埃尔·布迪厄，2015，《区分：判断力的社会批判》，刘晖译，北京：商务印书馆。

皮埃尔·布迪厄、罗克·华康德，1998，《实践与反思：反思社会学导引》，李猛、李康译，北京：中央编译出版社。

齐格蒙特·鲍曼，2002，《后现代性及其缺憾》，郇建立、李静韬译，上海：学林出版社。

——2012，《流动的生活》，谷蕾、武媛媛译，南京：江苏人民出版社。

——2021，《工作、消费主义与新穷人》，郭楠译，上海：上海社会科学院出版社。

强舸，2019，《制度环境与治理需要如何塑造中国官场的酒文化——基于县域官员饮酒行为的实证研究》，《社会学研究》第 4 期。

让·鲍德里亚，2006，《象征交换与死亡》，刘东主编，江苏：译林出版社。

——2014，《消费社会》，刘成富、全志钢译，南京：南京大学出版社。

让·弗朗索瓦·利奥塔，1997，《后现代状况：关于知识的报告》，车槿译，北京：三联书店。

孙玉霞，2008，《身体化：女性在消费社会中的生存境遇》，《贵州社会科学》第 3 期。

唐卉，2005，《以广州酒吧为代表的休闲消费空间研究》，中山大学硕士学位论文。

唐玉萍，2007，《西部民族旅游地文化产业与旅游业互动发展研究》，云南师范大学硕士学位论文。

陶东风，2007，《消费文化中的身体》，《贵州社会科学》第 11 期。

佟新，2005，《社会性别研究导论：两性不平等的社会机制分析》，北京：北京大学出版社。

王金营、付秀彬，2006，《考虑人口年龄结构变动的中国消费函数计量分析——兼论中国人口老龄化对消费的影响》，《人口研究》第 1 期。

王淼，2007，《后现代女性主义的起源、发展及对当代的影响》，《理论界》第 1 期。

——2013，《后现代女性主义理论研究》，北京：经济科学出版社。

王宁，2012，《消费欲的"符号刺激"与消费力的"结构抑制"——中国城市普通居民消费张力的根源与后果》，《广东社会科学》第 3 期。

王政，1997，《"女性意识"、"社会性别意识"辨异》，《妇女研究论丛》第 1 期。

王晓华，1998，《从个体休闲到大众消费——中国酒吧文化的走向》，《中国青年研究》第 4 期。

王政，2001，《浅议社会性别学在中国的发展》，《社会学研究》第 5 期。

维克多·特纳，2006，《仪式过程：结构与反结构》，黄剑波、柳博赟译，北京：中国人民大学出版社。

吴翠萍，2008，《改革开放 30 年与青年观念的变迁》，《中国青年研究》第 1 期。

乌尔里希·贝克，2004，《风险社会》，何博文译，南京：译林出版社。

伍丽君，2001，《网上消费者行为分析》，《湖北社会科学》第 12 期。

吴晓明，2000，《论马克思哲学的当代性》，俞吾金主编《当代国外马克思主义评论》，上海：复旦大学出版社。

吴小英，2009，《市场化背景下性别话语的转型》，《中国社会科学》第 2 期。

——2011，《回归日常生活：女性主义方法与本土议题》，呼和浩特：内蒙古大学出版社。

——2013，《更年期话语的建构——从医界、大众文化到女性自身的叙述》，《妇女研究论丛》第 4 期。

萧家成，2000，《传统文化与现代化的新视角：酒文化研究》，《云南社会科学》第 5 期。

肖索未，2013，《婚外包养与男性气质的关系化建构》，《社会学评论》第 5 期。

——2016，《欲望与尊严：转型期中国的阶层、性别与亲密关系》，北京：社会科学文献出版社。

谢建和，2009，《历史街区酒吧空间营造研究》，湖南大学硕士学位论文。

徐安琪，2000，《择偶标准：五十年变迁及其原因分析》，《社会学研究》第 6 期。

严海蓉，2010，《"知识分子负担"与家务劳动——劳心与劳力、性别与阶级之一》，《开放时代》第 6 期。

严海蓉，2010，《阶级的言说和改造——劳心与劳力、性别与阶级之二》，《开放时代》第 6 期。

杨波，2008，《网络游戏中的人际互动——以"华夏"为例》，《青年研究》第 5 期。

杨典、欧阳璇宇，2018，《金融资本主义的崛起及其影响———对资本主义新形态的社会学分析》.《中国社会科学》第 12 期。

杨芳枝，2017，《边缘主体：性别与身份认同政治》，台湾：成功大学人文社会科学中心。

杨文华，2011，《网络文化的意识形态流变及其攻势》，《上海行政学院学报》第 3 期。

杨毅，2013，《"扫黄打非"：文化产业健康发展的重要保障——以出版产业为例》，《中国出版》第 3 期。

伊利斯·埃勒·卡鲁尼，2011，《中国的后社会主义转型：作为文化变迁的制度变迁》，孟秋译，《马克思主义与现实》第 4 期。

菅立成，2016，《"物"的逻辑 VS "人"的逻辑——论鲍德里亚与鲍曼消费社会理论范式之差异》，《社会学评论》第 5 期。

于潇、孙猛，2012，《中国人口老龄化对消费的影响研究》，《吉林大学社会科学学报》第 1 期。

余晓敏、潘毅，2008，《消费社会与"新生代打工妹"主体性再造》，《社会学研究》第 3 期。

苑洁，2007，《国外后社会主义研究的理论视角》，《当代世界与社会主义》第 1 期。

张敦福、崔海燕，2017，《以社会学为主的跨学科研究：中外文化消费研究的比较分析》，《山东社会科学》第 10 期。

章立明，2001，《身体消费与性别本质主义》，《妇女研究论丛》第 6 期。

张敏、熊帼，2013，《基于日常生活的消费空间生产：一个消费空间的文化研究框架》，《人文地理》第 2 期。

张志祥，2002，《当代大学生消费的特征及趋势》，《中国青年研究》第 5 期。

赵凯，2004，《反本质主义的马克思主义和女性主义者立场——〈资本主义的终结——关于政治经济学的女性主义批判〉评介》，《妇女研究论丛》第 5 期。

郑也夫，1994，《男女平等的社会学思考》，《社会学研究》第 2 期。

郑震，2017，《当代西方消费社会学的主要命题》，《人文杂志》第 2 期。

周蒙、冯宇，1993，《从〈诗经〉看商周酒文化现象及其精神》，《社会科学战线》第 5 期。

周宪，2004，《视觉文化的消费社会学解析》，《社会学研究》第 5 期。

朱崇实，2011，《转型与发展：厦门转变经济发展方式问题研究》，厦门：厦门大学出版社。

朱迪斯·巴特勒，2009a，《性别麻烦：女性主义与身份的颠覆》，宋素凤译，上海：上海三联书店。

——2009b，《消解性别》，郭劼译，上海：上海三联书店。

邹继业，2009，《产业经济学视阈下的西部城市文化产业发展路径及对策初探——以柳州为例》，《学术论坛》第 5 期。

Abbey，Antonia. 2002. "Alcohol-Related Sexual Assault：A Common Problem among College Students. " *Journal of Studies on Alcohol Supplement* 14.

Adamczyk，Maria. 2010. "Forum for the Ugly People-Study of an Imagined Community. " *The Sociological Review* 58：97 – 113.

Alexander, M. Jacqui & Chandra Talpade Mohanty (eds.). 1996. *Feminist Genealogies, Colonial Legacies, Democratic Futures.* New York: Routledge.

Almeida-Filho, Ines Lessa, Lucelia Magalhaes, Maria Jenny Araujo, Estela Aquino, Ichiro Kawachi & Sherman A James. 2004. "Alcohol Drinking Patterns by Gender, Ethnicity, and Social Class in Bahia." *Brazil, Revista De Saúde Pública* 1.

Ang, Ien, . 2003. "Together-in-Difference: Beyond Diaspora, into Hybridity." *Asian Studies Review* 27 (2): 141 – 54.

Arthurs, Jane. 2003. "Sex and the City and Consumer Culture: Remediating Postfeminist Drama." *Feminist Media Studies* 3 (1): 83 – 98.

Azzarito, Laura. 2010. "Future Girls, Transcendent Femininities and New Pedagogies: Toward Girls' Hybrid Bodies?" *Sport, Education and Society* 3.

Bailey, Linda. 2012. *Young Women and the Culture of Intoxication: Negotiating Classed Femininities in the Postfeminist Context.* University of Bath.

Baker, Joanne. 2010. "Claiming Volition and Evading Victimhood: Post-Feminist Obligations for Young Women." *Feminism & Psychology* 2.

Baraona, Enrique, Chaim S. Abittan, Kazufumi Dohmen, Michelle Moretti, Gabriele Pozzato, Zev W. Chayes, Clara Schaefer & Charles S. Lieber. 2001. "Gender differences in Pharmacokinetics of Alcohol." *Alcoholism Clinical & Experimental Research* 4.

Barber, Kristen. 2008. "The Well-Coiffed Man: Class, Race, and Heterosexual Masculinity in the Hair Salon." *Gender & Society* 22 (4): 455 – 476.

Barkty, Sandra Lee. 1997. "Foucault, Femininity and the Modernization of Patriarchal Power." In Katie Conboy, Nadia Medina and Sarah Stanbury (eds.). *Writing on the Body: Female Embodiment and Feminist Theory*, New York: Columbia University Press.

Barrett, Michele. 1986. *Women's Oppression today: Problems in Marxist Feminist Analysis.* London: Verso.

Barrett, Michele & Phillips Anne. 1992. *Destabilizing Theory: Contemporary Feminist Debates.* Stanford: Stanford University Press.

Benedict, Helen. 1992. *Virgin or Vamp: How the Press Covers Sex Crimes.* New York: Oxford University Press.

Beals, Janette, et al. . 2003. "Racial Disparities in Alcohol Use: Comparison of 2 American Indian Reservation Populations with National Data. " *American Journal of Public Health* 10.

Becker, Sarah & Justine E. Tinkler. 2015. "Me Getting Plastered and Her Provoking My Eyes": Young People's Attribution of Blame for Sexual Aggression in Public Drinking Spaces. " *Feminist Criminology* 10 (3): 235 – 258.

Bettie, Julie. 2000. "Women without Class: Chicas, Cholas, Trash, and the Presence/Absence of Class Identity. " *Signs* 26 (1): 1 – 35.

Bergmark, Karin H. . 2004. " Gender Roles, Family, and Drinking: Women at the Crossroad of Drinking Cultures. " *Journal of Family History* 3.

Blackman, Shane, Laura Doherty & Robert McPherson. 2015. "Normalisation of Hedonism? Challenging Convergence Culture through Ethnographic Studies of Alcohol Consumption by Young Adults——A FeministExploration. " In Patsy Staddon (ed.). *Women and Alcohol: Social Perspectives.* Bristol: Policy Press.

Bloomfield, Kim, Gerhard Gmel & Rudie Neve. 2001. "Investigating Gender Convergence in Alcohol Consumption in Finland, Germany, The Netherlands, and Switzerland: A Repeated Survey Analysis. " *Substance Abuse*1.

Bottero, Wendy. 2004. "ClassIdentities and the Identity of Class" . *Sociology* 38 (5): 985 – 1003.

Bourdieu, Pierre, 1984. *Distinction: A Social Critique of the Judgement of*

Taste. New York: Routledge.

Brooks, Ann. 2002. *Postfeminisms: Feminism, Cultural Theory and Cultural Forms.* London and New York: Routledge.

Brooks, Oona. 2008. "Consuming Alcohol in Bars, Pubs and Clubs: A risky freedom for young women?" *Annals of Leisure Research* 11 (3 – 4): 331 – 350.

Brooks, Oona. 2014. "Interpreting Young Women's Accounts of Drink Spiking: The Need for a Gendered Understanding of the Fear and Reality of Sexual Violence". *Sociology* 2.

Brownmiller, Susan. 1975. *Against Our Will: Men, Women and Rape.* New York: Fawcett.

Bruckman, Amy. 1998. "Finding One's Own in Cyberspace." In Richard Holeton (eds.). *Composing Cyberspace: Identity, Community and Knowledge in the Electronic Age.* Boston: McGraw Hill.

Budgeon, Shelley. 2001. "Emergent Feminist (?) Identities: Young Women and the Practice of Micropolitics". *European Journal of Women's Studies* 8 (1): 7 – 28.

Butler, Judith. 1997. *Excitable Speech: Politics of the Performative.* London and New York: Routledge.

Burgess, Jacquelin. 1998. " 'But is it Worth Taking the Risk?' How Women Negotiate Access to Urban Woodland: A Case Study." In R. Ainley (ed.). *New Frontiers of Space, Bodies and Gender.* London: Routledge.

Burt, Martha R. . 1980. "Cultural Myths and Supports for Rape." *Journal of Personality and Social Psychology* 38 (2): 217 – 230.

Carby, Hazel V. . 1982. "White Woman Listen! Black Feminism and Boundaries of Sisterhood." In *The Empire Strikes Back: Race and Racism in 70s Britain.* London and New York: Routledge.

Campbell, Hugh. 2000. "The Glass Phallus: Public Masculinity and Drinking in Rural New Zealand." *Rural Sociology* 4.

Campbell, Alex. 2005. "Keeping the 'Lady' Safe: The Regulation of Femininity through Crime Prevention Literature." *Critical Criminology* 13 (2): 119 – 40.

Chang, K.. 2010. "The Second Modern Condition? Compressed Modernity as Internalized Reflexive Cosmopolitanism." *British Journal of Sociology* 61 (3): 444 – 464.

Chang, Kyung-Sup & Song Min-Young. 2010. The Stranded Individualizer under Compressed Modernity: South Korean Women in Individualization without Individualism. *British Journal of Sociology* 61 (3), 539 – 564.

Chatterton, Paul & Robert Hollands. 2003. *Urban Nightscapes: Youth Cultures, Pleasure Spaces and Corporate Power.* London: Routledge.

Chrzan, Janet. 2013. *Alcohol: Social Drinking in Cultural Context.* New York and London: Routledge.

Courtenay, Will H.. 2000. "Constructions of Masculinity and Their Influence on Men's Well-being: A Theory of Gender and Health." *Social Science & Medicine* 50 (10): 1385 – 1401.

Corteen, Karen. 2002. "Lesbian Safety Talk: Problematizing Definitions and Experiences of Violence, Sexualityand Space." *Sexualities* 5 (3): 259 – 80.

Curtin, Nicola, L. Monique Ward, Ann Merriwether & Allison Caruthers. 2011. "Femininity Ideology and Sexual Health in Young Women: A Focus on Sexual Knowledge, Embodiment, and Agency." *International Journal of Sexual Health* 1.

Day, Katy, Brendan Gough & Majella McFadden. 2003. Women Who Drink and Fight: A Discourse Analysis of Working-class Women's Talk. *Feminism & Psychology* 13 (2): 141 – 158.

—— 2004. "Warning! Alcohol Can Seriously Damage Your Feminine Health." *Feminist Media Studies* 4 (2): 165 – 83.

De Crespigny, Charlotte. 2001. "Young Women, Pubs and Safety." In Williams P. (ed.) *Alcohol, Young Persons and Violence*. Canberra: Australian Institute of Criminology.

Demmel, Ralf, Jutta Hagen. 2004. "The Structure of Positive Alcohol Expectancies in Alcohol-Dependent Inpatients." *Addiction Research & Theory* 12.

Denzin, Norman K.. 1970. *The Research Act in Sociology: A Theoretical Introduction to Sociological Methods*. London: Butterworths.

Denzin, Norman K. & Yvanna S. Lincoln. 2000. "Introduction: The Discipline and Practice of Qualitative Research." In Norman K. Denzin & Yvanna S. Lincoln (eds.). *Handbook of Qualitative Research*. London / Thousand Oaks/New Delhi: Sage.

Driessen, Henk. 1992. "Drinking on Masculinity: Alcohol and Gender in Andalusia". In Dimitra Gefou-Madianou (ed). *Alcohol, Gender and Culture*. London: Routledge.

Endsjø, Dag Øistein. 2000. "To Lock up Eleusis: A Question of Liminal Space." *Numen* 47 (4): 351 – 386.

Ettorre, Besty. 1986. "Women and Drunken Sociology: Developing a Feminist Analysis." *Womens Studies International Forum* 9 (5): 515 – 520.

Faludi, Susan. 1992. *Backlash: The Undeclared War Against Women*. New York: Three Rivers Press.

Fassin, Didier. 2014. "The Ethical Turn in Anthropology: Promises and Uncertainties." *Hau: Journal of Ethnographic Theory* 4 (1): 429 – 435.

Farrer, James. 2002. *Opening up: Youth Sex Culture and Market Reform in Shanghai*. Chicago: University of Chicago Press.

Fileborn, Bianca. 2012. Sex and the City: Exploring Young Women's Perceptions and Experiences of Unwanted Sexual Attention in Licensed Venues. *Current Issues in Criminal Justice* 24 (2): 241 – 260.

Fileborn, Bianca. 2016. *Reclaiming the Night-Time Economy: Unwanted Sexual Attention in Pubs and Clubs*. London: Palgrave Macmillan.

Fiske, John. 2011. *Television Culture*. London and New York: Routledge.

Gamble, Sarah. 2001. *The Routledge Companion to Feminism and Postfeminism*. London and New York: Routledge.

Goffman, Erving. 1989. "On Fieldwork." *Journal of Contemporary Ethnography* 18.

Genz, Stéphanie. 2006. "Third Way/ve: The Politics of Postfeminism." *Feminist Theory* 7 (3): 333 – 353.

Genz, Stéphanie & Benjamin A. Brabon. 2009. *Postfeminism: Cultural Texts and Theories*. Edinburgh: Edinburgh University Press.

Giancola, Peter R.. 2002. "Alcohol-Related Aggression during the Dollege Years: Theories, Risk Factors and Policy Implications." *Journal of Studies on Alcohol Supplement* 14.

Gill, Rosalind. 2003. "FromSexual Objectification to Sexual Subjectification: The Resexualisation of Women's Bodies in the Media." *Feminist Media Studies* 3 (1): 100 – 106.

—— 2007. "PostfeministMedia Culture: Elements of A Sensibility." *European Journal of Cultural Studies* 10 (2): 147 – 166.

—— 2008. "Culture and Subjectivity in Neoliberal and Postfeminist Times". *Subjectivity* 25 (1): 432 – 445.

—— 2009. "Supersexualize me! Advertising and the Midriffs." In Feona Attwood (ed.). *Mainstreaming Sex: The Sexualization of Western Culture*. London: IB Tauris.

Gill, Rosalind & Elena Herdieckerhoff. 2006. "Rewriting the Romance: New Femininities in Chick Lit?" *Feminist Media Studies* 6 (4).

Gill, Rosalind & Christina Scharff. 2010. *New Femininities: Postfeminism, Neoliberalism, and Subjectivity*. London: Palgrave Macmillan.

Gimenez, Martha E.. 2005. "Capitalism and the Oppression of Women: Marx Revisited". *Science & Society* 1.

Goldman, Robert. 1992. *Reading Ads Socially*. London and New York: Routledge.

Goulding, Christina, Avid Shankar, Richard Elliott & Robin Canniford. 2009. "The Market Place Management of Illicit Pleasure." *Journal of Consumer Research* 35 (5): 759 – 771.

Grant, Bridge F. , Deborah A. Dawson, Frederick S. Stinson, Patricia S. Chou, Mary C. Dufour & Roger P. Pickering. 2004. "The 12 – month Prevalence and Trends in DSM-IV Alcohol Abuse and Dependence: United States, 1991 – 1992 and 2001 – 2002." *Drug & Alcohol Dependence* 3.

Graham, Kathryn, Moira Plant & Martin Plant. 2004. "Alcohol, Gender and Partner Aggression: A General Population Study of British Adults." *Addiction Research & Theory* 4.

Griffin, Christine. 2004. "Good Girls, Bad Girls: Anglocentrism and Diversity in the Constitution of Contemporary Girlhood." In Anita Harris (ed.). *All about the Girl: Culture, Power and Identity*. London: Routledge.

Grossberg, Lawrence. 1997. Dancing in Spite of Myself: Essays on Popular Culture. Durham, NC: Duke University Press.

Grosz, Elizabeth. 2011. *Becoming Undone: Darwinian Reflections on Life, Politics and Art. Durham*, NC: Duke University Press.

Gusfield, Joseph R. . 1987. "Passage to Play: Rituals of Drinking Time in American Society." In Mary Douglas (ed.). Constructive Drinking: Perspectives on Drink from Anthropology. Cambridge: Cambridge University Press.

Hanser, Amy. 2005. "The Gendered Rice Bowl: The Sexual Politics of Service Work in Urban China." *Gender & Society* 19 (5): 581 – 600.

Harris, Geraldine. 1999. *Staging Femininities: Performance and Performativity*. Manchester and New York: Manchester University Press.

Harris, Anita. 2004. *Future Girl: Young Women in the Twenty-First Century*. London: Routledge.

Herridge, Kristi. L. , Susan M. Shaw & Roger C. Mannell. 2003. "An Exploration of Women's Leisure within Heterosexual Romantic Relationships. " *Journal of Leisure Research* 3.

Hine, Christine. 2000. *Virtual Ethnography*. London /Thousand Oaks/New Delhi: Sage.

Hobbs, Dick, Stuart Lister & Philip Hadfield. 2000. "Receiving Shadows: Governance and Liminality in the Night-Time Economy. " *Brisish Journal of Sociology* 4.

Hollands, Robert. 1995. *Friday Night, Saturday Night: Youth Cultural Identification in the Post-Industrial City*. Newcastle: Newcastle University.

Holland, Samantha. 2004. *Alternative Femininities: Body, Age and Identity*. Oxford: Berg Publishers.

Hollander, Jocelyn A. . 2002. "Resisting Vulnerability: The Social Reconstruction of Gender in Interaction. " *Social Problems* 49 (4): 474 – 496.

Hooks, Bell. 2015. *Feminist Theory: From Margin to Center*. London and New York: Routledge.

Horvath, Miranda& Jennifer Brown. 2007. "Alcohol as Drug of Choice: Is Drug Assisted Rape a Misnomer?" *Psychology, Crime & Law* 13 (5): 417 – 29.

Huang, Yanhua & Zixi Liu. 2022. "Pursuing Individualism without Feminism: Leisure Life and Gender Politics of Young Female Bar-Goers in Urban China. " *The British Journal of Sociology* 73 (5): 1025 – 1037.

Hughes, Everett. 2002. "The Place of Field Work in Social Science. " In Darin Weinberg (ed), *Qualitative Research Methods*. Malden: Blackwell Publishers.

Jackson, Carolyn & Penny Tinkle. 2007. " 'Ladettes' and 'Modern Girls': 'Troublesome' Young Femininities. " *Sociological Review* 2.

Jaggar, Alison M. 1983. *Feminist Politics and Human Nature*. New Jersey:

Rowman & Allanheld, Publishers.

Jameson, Fredric. 1991. "The Cultural Logic of Late Capitalism. " *Journal of Aesthetics & Art Criticism* 19 (50): 53 – 92.

Joffe, Alexander H. . 1998. " Alcohol and Social Complexity in Ancient Western Asia. " *Current Anthropology* 39 (3): 297 – 322.

Kavanaugh, Phillip. 2013. "The Continuum of Sexual Violence: Women's Accounts of Victimization in UrbanNightlife. " *Feminist Criminology* 8 (1): 20 – 39.

Kelly, Liz. . 1988. *Surviving Sexual Violence.* Minneapolis: University of Minnesota Press.

Kettrey, Heather Hensman. 2013. " Reading Playboy for the Articles: The Graying of Rape Myths in Black and White Text, 1953 to 2003. " *Violence Against Women* 19 (8): 968 – 994.

Kilminster, Richard & Ian Varooe. 1992. " Sociology, Postmodernity and Exile: An Interview with Zygmunt Bauman. " In Zygmunt Bauman. *Intimations of Postmodernity.* New York, NY: Routledge.

Krakauer, Llana D. & Suzanna M. Rose. 2002. "The Impact of Group Membership on Lesbians' Physical Appearance. " *Journal of Lesbian Studies* 6 (1): 31 – 43.

Lambek, Michael. 2000. "The Anthropology of Religion and the Quarrel between Poetry and Philosophy. " *Current Anthropology* 41 (3): 309 – 320.

—— 2008. "Value and Virtue. " *Anthropological Theory* 8 (2): 133 – 157.

—— 2010. "Introduction. "In Michael Lambek (ed.). *Ordinary Ethics: Anthropology, Language, and Action.* New York: Fordham University Press.

Laidlaw, James. 1995. *Riches and Renunciation: Religion, Economy, and Society among the Jains.* New York: Oxford University Press.

Lazar, Michelle M. . 2009. "Entitled to Consume: Postfeminist Femininity and a Culture of Post-Critique. " *Discourse & Communication* 4.

Lefebvre, Henry. 1984. *Everyday Life in the Modern World.* New Brunswick: Transaction Publishers.

Leigh, Barbara C.. 1995. "A Thing so Fallen, and so Vile: Images of Drinking and Sexuality inWomen." *Contemporary Drug Problems* 22.

Leyshon, Micheal. 2008. "We're Stuck in the Corner: Young Women, Embodiment and Drinking in the Countryside." *Drugs: Education, Prevention and Policy* 15 (3): 267 – 289.

Lindsay, Joanne Maree. 2012. "The Gendered Trouble with Alcohol: Young People Managing Alcohol Related Violence." *International Journal of Drug Policy* 23 (3): 236 – 241.

Lotz , Amanda D.. 2001. "Postfeminist Television Criticism: Rehabilitating Critical Terms and IdentifyingPostfeminist Attributes." *Feminist Media Studies* 1 (1): 105 – 121.

MacDonald, S.. 1994. "Whisky, Women, and the Scottish Drink Problem: A View from the Highlands." In M. McDonald (ed.). *Gender, Drink and Drugs.* Providence, RI: Berg.

Mackiewicz, Alison. 2015. "Alcohol, Young Women's Culture and Gender Hierarchies." In Patsy Staddon (ed.). *Women and Alcohol: Social Perspectives.* Bristol: Policy Press.

Magazine, R.. 2004. "Article Both Husbands and Banda (Gang) Members Conceptualizing Marital Conflict and Instability among Young Rural Migrants in Mexico City." *Men and Masculinities* 7.

Mann, Patricia S.. 1994. *Micro-Politics: Agency in a Postfeminist Era.* Minnesota: University of Minnesota Press.

Mattingly, Cheryl. 2013. "Moral Selves and Moral Scenes: Narrative Experiments in Everyday Life." *Ethnos* 78 (3): 301 – 327.

Martin, A. Lynn. 2001. Alcohol, Sex, and Gender in Late Medieval and Early Modern Europe. New York: Palgrave.

Marsden, Terry. 1999, "Rural Futures: The Consumption Countryside and its Regulation." *Sociologia Ruralis* 39 (4): 501 – 526.

McPherson, Mervyl, Sally Casswell, Megan Pledger. 2004, "Gender convergence in Alcohol Consumption and Related Problems: Issues and Outcomes from Comparisons of New Zealand Survey Data". *Addiction* 6.

McRobbie, Angela. 2004. "Notes on 'What Not to Wear' and Post-Feminist Symbolic Violence." In L. Adkins & B. Skeggs (eds.). *Feminism after Bourdieu.* London: Blackwell Publishing

—— 2007a. "Post-Feminism and Popular Culture." *Feminist Media Studies* 4 (3): 255 – 264.

—— 2007b. "Top Girls? Young Women and the Post-Feminist Sexual Contract." *Cultural Studies* 22.

—— 2008. "Young Women and Consumer Culture." *Cultural Studies* 22 (5): 531 – 550.

—— 2009. *The Aftermath of Feminism: Gender, Culture and Social Change.* Los Angeles · London · New Delhi · Singapore · Washington DC: Sage.

—— 2015. "Notes on the Perfect." *Australian Feminist Studies* 30.

Mears, Ashley. 2015. "Working for Free in the VIP: Relational Work and the Production of Consent." *American Sociological Review* 80 (6): 1099 – 1122.

Measham, Fiona. 2002. 'Doing Gender' - 'Doing Drugs': Conceptualizing the Gendering of Drugs Cultures. *Contemporary Drug Problems* 29 (1): 335 – 73.

Measham, Fiona & Kevin Brain. 2005. "'Binge' Drinking, British Alcohol Policy and the New Culture of Intoxication." *Crime Media Culture* 3.

Meyer, Anneke. 2010. "'Too Drunk To Say No': Binge Drinking, Rape and the Daily Mail." *Feminist Media Studies* 10 (1): 19 – 34.

Ministry of Justice, Home Office and Office for National Statistics. 2013. "An Overview of Sexual Offending in England and Wales" [online]. Statistics Bulletin.

Mohanty, Chandra Talpade. 2004. *Feminism without Borders: Decolonising Theory, Practicing Solidarity.* Durham and London: Duke University Press.

Morr, Mary Claire & Paul A. Mongeau. 2004. "First-Date Expectations: The Impact of Sex of Initiator, Alcohol Consumption, and Relationship Type." *Communication Research* 1.

Munford, Rebecca & Melanie Waters. 2014. *Feminism and Popular Culture: Investigating the Postfeminist Mystique.* New Brunswick: Rutgers University Press.

Munné, M. I. . 2005. "Social Consequences of Alcohol Consumption in Argentina." *Alcohol, Gender and Drinking Problems* 25.

Munro, Vanessa E. . 2008. "Constructing Consent: Legislating Freedom and Legitimating Constraint in the Expression of Sexual Autonomy." *Akron Law Review* 41: 923.

Murphy, Rachel. 2004. "Turning Peasants into Modern Chinese Citizens: 'Population Quality' Discourse, Demographic Transition and Primary Education." *China Quarterly* 177: 1 – 20.

Nayak, Anoop & Mary Jane Kehily. 2006. "Gender Undone: Subversion, Regulation and Embodiment in the Work of Judith Butler." *British Journal of Sociology of Education* 27 (4): 459 – 72.

Neumann, Iver B. . 2012. "Introduction to the Forum on Liminality." *Review of International Studies* 38 (2): 473 – 479.

Nicholls, Emily. 2012. "Risky pleasures? To What Extent are the Boundaries of Contemporary Understandings of (In) Appropriate Femininities Shaped by Young Women's Negotiation of Risk within the Night Time Economy?" *Graduate Journal of Social Science* 3.

—— 2017. " 'Dulling it down a bit': Managing Visibility, Sexualities and Risk in the Night Time Economy in Newcastle, UK" . *Gender Place & Culture A Journal of Feminist Geography* 3.

—— 2018. *Negotiating Femininities in the Neoliberal Night-Time Economy:*

Too much of a Airl? London: Palgrave Macmillan.

Nicolaides, Becky M. . 1996. "The State's 'Sharp Line between the Sexes': Women, Alcohol and the Law in the United States, 1850 – 1980. " *Addiction* 91 (8): 1211 – 1230.

Northcote, Jeremy. 2006. "Nightclubbing and the Search for Identity: Making the Rransition from Childhood to Adulthood in an Urban Milieu. " *Journal of Youth Studies* 9 (1): 1 – 16.

O'Malley, Pat &Mariana Valverde. 2004. "Pleasure, Freedom and Drugs: The Uses of 'Pleasure' in Liberal Governance of Drug and Alcohol Consumption. " *Sociology* 38 (1): 25 – 42.

Osburg, John. 2013. *Anxious Wealth: Money and Morality among China's NewRich*. Stanford: Stanford University Press.

Payne, Diana L. , Kimberly A. Lonsway & Louise F. Fitzgerald. 1994. "Rape Myth Acceptance: Exploration of Its Structure and Its Measurement Using the Illinois Rape Myth Awareness Scale. " *Journal of Research in Personality* 33: 27 – 68.

Pile, Steve. 1997. "Opposition, Political Identities and Spaces of Resistance. " In Steve Pile & Michael Keith (eds.). *Geographies of Resistance*. London: Routledge.

Press, Andrea L. . 1991. *Women Watching Television: Gender, Class, and Generation in the American Television Experience*. Pennsylvania: University of Pennsylvania Press.

Prügl, Elisabeth. 2015. "Neoliberalising Feminism. " *New Political Economy* 20 (4): 614 – 631.

Pun, Nga. 2003. "Subsumption or Consumption? The Phantom of Consumer Revolution in 'Globalizing' China. " *Cultural Anthropology* 18 (4): 469 – 492.

Qian, Hui Tan. 2014. "Postfeminist Possibilities: Unpacking the Paradoxical Performances of Heterosexualized Femininity in Club Spaces. " *Social & Cultural Geography* 15 (1): 23 – 48.

Reay, Diane. 2001. "'Spice girls', 'Nice Girls', 'Girlies', and 'Tomboys': Gender Discourses, Girls' Cultures and Femininities in the Primary Classroom." *Gender and Education* 13 (2): 153 – 166.

Reckwitz, Andreas. 2002. "Toward aTheory of Social Practices: A Development in Culturalist Theorizing." *European ournal of Social Theory* 5 (2): 243 – 263.

Roberts, Benjamin. 2004. "Drinking like a Man: The Paradox of Excessive Drinking for Seventeenth-Century Dutch Youths." *Journal of Family History* 29 (3): 237.

Rose, Mitch. 2002. "The Seductions of Resistance: Power, Politics and a Performative Style of Systems." *Environment and Planning D* 20: 383 – 400.

Rudolfsdottir, Annadis G. & Philippa Morgan. 2009. "Alcohol is My Friend: Young Middle Class Women Discuss Their Relationship with Alcohol." *Journal of Community & Applied Social Psychology* 19 (6): 492 – 505.

Schwendinger, Julia R. & Herman Schwendinger. 1974. "Rape Myths: In Legal, Theoretical, and Everyday Practice." *Crime and Social Justice* 1: 18 – 26.

Scully, Diana. 1990. *Understanding Sexual Violence: A Study of Convicted Rapists.* New York, NY: Routledge.

Shankar, Avi, Richard Elliott & James A. Fichett. 2009. "Identity, Consumption and Narratives of Socialization." *Marketing Theory* 9 (1): 75 – 94.

Sheard, Laura. 2011. "Anything Could Have Happened: Women, the Night-Time Economy, Alcohol and Drink Spiking." *Sociology* 4.

Sheehan, Margaret & Damien Ridge. 2001. "'You Become Really Close... You Talk About the Silly Things You Did, and We Laugh': The Role of Binge Drinking in Female Secondary Students' Lives." *Substance Use and Misuse* 36 (3): 347 – 72.

Steven, Best & Douglas Kellner. 1991. *Postmodern Theory: Critical Interrogations.* London: Macmillan.

Stewart, Katie. 1981. "The Marriage of Capitalist and Patriarchal Ideologies: Meanings of Male Bonding and Male Banking in U. S. Culture." In Lydia Sargeant (ed.). *Women and Revolution: A Discussion of the Unhappy Marriage of Marxism and Feminism.* Montreal: Black Rose Books.

Siegel, Deborah. 2007. *Sisterhood, Interrupted: From Radical Women to Girls Gone Gild.* London: Palgrave Macmillan.

Skeggs, Beverley. 1997. *Formations of Class & Gender: Becoming Respectable.* London: Sage.

—— 1999. "Matter out of Place: Visibility and Sexualities in Leisure Spaces." *Leisure Studies* 18 (3): 213 – 232.

—— 2004, "The Re-Branding of Class: Propertising Culture." In Fiona Devine, Mike Savage, John Scott & Rosemary Crompton (eds.). *Rethinking Class: Culture, Identities and Lifestyles.* Basingstoke: Palgrave.

—— 2005. "The Making of Class and Gender through Visualizing Moral Subject Formation." *Sociology* 39 (5): 965 – 982.

Spivak, Gayatri Chakravorty. 1999. *A Critique of Postcolonial Reason: Toward a History of the Vanishing Present.* Cambridge and London: Harvard university press.

Stanko, Elizabeth. 1995. "Women, Crime and Fear." *Annals of the American Academy of Political and Social Science* 539: 46 – 58.

Stewart, Katie. 1981. "The Marriage of Capitalist and Patriarchal Ideologies: Meanings of Male Bonding and Male Banking in U. S. Culture." In Lydia Sargeant (ed.). *Women and Revolution: A Discussion of theUnhappy Marriage of Marxism and Feminism.* Montreal: Black Rose Books.

Suggs, David N.. 1990. "Mosadi Tshwene: The Construction of Gender and the Consumption of Alcohol Botswana. " *American Ethnologist* 23 : 597 – 610.

Swidler, Ann. 1986, "Culture in Action: Symbols and Strategies," *American Sociological Review* 51 : 273 – 286.

——2001, *Talk of Love: How Culture Matters. Chicago: Uneversity of Chicago Press.*

Tasker, Yvonne & Diane Negra. 2005. "In Focus: Postfeminism and Contemporary Media Studies. " *Cinema Journal* 44 (2): 107 – 110.

Tinkler, Justine E. , Sarah Becker & Kristen A. Clayton. 2018. "Kind of Natural, Kind of Wrong: Young People's Beliefs about the Morality, Legality, and Normalcy of Sexual Aggression in Public Drinking Settings. " *Law and Social Inquiry* 43. 1 : 28 – 57.

Vaughan, Diane. 2009. "Analytical Ethnography. " In Peter Hedstrom & Peter Bearman (eds.). *The Oxford Handbook of Analytical Sociology.* Oxford: Oxford University Press.

Waitt, Gordon, Loretta Jessop & Andrew Gorman-Murray. 2011. " ' The Guys in There Just Expect to be Laid ' : Embodied and Gendered Socio-Spatial Practices of a ' Night Out ' in Wollongong, Australia. " *Gender, Place & Culture* 18 (2): 255 – 275.

Walby, Sylvia. 1990. *Theorizing patriarchy.* Oxford: Basil Blackwell.

Walkerdine, Valerie, Helen Lucey & June Melody. 2001. *Growing Up Girl: Psychosocial Explorations of Gender and Class.* Basingstoke: Palgrave.

Wang, Jing. 2005. "Bourgeois Bohemians in China? Neo-Tribes and the Urban Imaginary. " *The China Quarterly* 183 (1): 532 – 548.

Wattis, Louise, Eileen Green & Jill Radford. 2011. "Women Students' Perceptions of Crime and Safety: Negotiating Fear and Risk in an English Post-Industrial Landscape. " *Gender, Place & Culture* 18 (6): 749 – 767.

Warde, Alan. 2005. "Consumption and Theories of Practice. " *Journal of*

Consumer Culture 5 （2）: 131 – 153.

Warner, Jessica. 1997. "The Sanctuary of Sobriety: The Emergence of Temperance as a Feminine Virtue in Tudor and Stuart England. " *Addiction* 92 （1）: 97 – 111.

Watson, Juliet. 2000. "The Right to Party Safely: A Report on Young Women, Sexual Violence & Licensed Premises. " Melbourne, Victoria, Australia, CASA House, Centre Against Sexual Assault, Royal Women's Hospital.

Weber, Elke U, Ann-Renée Blais & Nancy E. Betz. 2002. "A Domain-Specific Risk-Attitude Scale: Measuring Risk Perceptions and Risk Behaviors. " *Journal of Behavioral Decision Making* 15: 263 – 290.

Weedon, Chris. 1987. *Feminist Practice and Poststructuralist Theory.* Oxford: Basil Blackwell.

Wellman, Barry & Milena Gulia. 1999. "Virtual Communities as Communities: Net Surfers Don't Ride Alone. " In Barry Wellman （ed. ）. *Networks in the Global Village: Life in Contemporary Communities.* Boulder: Westview.

West, Candace & Sarah Fenstermaker. 1995, "Doing Difference. " *Gender & Society* 9 （1）: 8 – 37.

West, Michael O. . 1997. "Liquor and Libido: ' Joint drinking ' and the Politics of Sexual Control in Colonial Zimbabwe, 1920s – 1950s. " *Journal of social history* 3.

Whelehan, Imelda. 2000. "Overloaded Popular Culture and the Future of Feminism. " *Feminist Philosophy.*

Willis, Justin. 1999. "Enkurma Sikitoi: Commoditization, Drink, and Power among the Maasai. " *International Journal of Africanu Historical Studies* 32: 339 – 357.

Wilsnack, Richard W. , Sharon C. Wilsnack & Isidore S. Obot. 2005. "Why Study Gender, Alcohol and Culture?" In Isidore S. Obot & Robin Room （eds. ）. *Alcohol, Gender and Drinking Problems.* Geneva:

World Health Organization.

Wilsnack, Richard W. , Randall Cheloha. 1987. "Women's Roles and Problem Drinking across the Lifespan. " *SocialProblems* 3.

Winlow, Simon & Steve Hall. 2006. "Violent Night: Urban Leisure and Contemporary Culture. " *British Journal of Criminology* 6.

Wolf, Naomi. 2002. *The Beauty Myth: How Images of Beauty are Used Against Women.* New York: Harper Collins Publishers.

Wu, Angela Xiao & Yige Dong. 2019. "What is Made-in-China Feminism (s)? Gender Discontent and Class Friction in Post-Socialist China. " *Critical Asian Studies* 51 (4): 471 –492.

Yang, Jie. 2010. "The Crisis of Masculinity: Class, Gender, and Kindly Power in Post-Mao China. " *American Ethnologist* 37 (3): 550 – 562.

Yi, Lin. 2011. "Turning Rurality into Modernity: Suzhi Education in a Suburban Public School of MigrantChildren in Xiamen. " *The China Quarterly* 206: 313 – 330.

Zhang, Everett Yuehong. 2001. "Goudui and the State: Constructing Entrepreneurial Masculinity in TwoCosmopolitan Areas of Post-Socialist China. " In Ebdl Hodgson (ed.). *Gendered Modernities.* New York: Palgrave Macmillan.

Zhang, Everett Yuehong. 2007. "The Birth of Nanke (Men's Medicine) in China: The Making of the Subject of Desires. " *American Ethnologist* 34 (3): 491 –508.

Zigon, Jarrett. 2007. "Moral Breakdown and the Ethical Demand: A Theoretical Framework for an Anthropology of Moralities. " *Anthropological Theory* 7 (2): 131 –150.

—— 2008. *Morality: An Anthropological Perspective.* Oxford: Berg.

—— 2010. *Making the New Post-Soviet Person: Moral Experience in Contemporary Moscow.* Leiden: Brill.

附录一　访谈说明及访谈提纲

访谈说明

亲爱的朋友，您好！

感谢您在百忙之中接受本次访谈。本次访谈主要想了解您在酒吧工作、休闲方面的情况，此次访谈所收集的全部材料都仅限于本人博士学位论文的写作。

访谈中的问题您都有权利拒绝回答，您的回答没有对错之分，只要是您的真实情况、真实感受和真实看法即可。为了便于本人后续对访谈材料的整理、编码和分析，本人将对此次访谈进行录音。我们会谨慎地对您所提供的材料进行保密，并在论文中对您的相关信息进行匿名处理。您有权随时退出本次调研。

在此感谢您对本人研究的支持！祝您生活幸福、身体健康！

消费者访谈提纲

1. 个人基本信息收集：性别、年龄、学历、户籍所在地、

婚姻状况、职业等

2. 第一次去酒吧的情况

（a）什么时候？什么情况下进入酒吧的？

（b）为什么会想要去酒吧？跟谁一起进入酒吧的？

（c）对酒吧的印象是什么？跟原先对酒吧的想象有什么不同？

3. 一般去酒吧的选择或情况

（a）喜欢去什么样的酒吧？

（b）不同的酒吧有不一样的休闲体验吗？

（c）倾向于和谁一起去酒吧，男性或者女性？

（d）什么情况是你认为玩得比较开心的，什么情况你会觉得不开心？

（e）有一个人去过酒吧吗？是什么情况？

（f）费用一般怎么付？

4. 去酒吧前的准备

（a）会担心出现什么问题吗？如何保障自己的安全？

（b）会怎么穿着打扮？主要考虑是什么？

5. 在酒吧的经历

（a）喝醉过吗？

（b）起过冲突吗，同性还是异性之间？如何处理？

（c）受到过搭讪、性侵、性骚扰吗？怎么处理这些情况？

（d）有主动搭讪过别人吗？

（e）有在酒吧发展过男女朋友关系、"酒吧恋情"或者"一夜情"吗？

6. 相关看法与应对

（a）你在酒吧倾向于交什么样的朋友（男性/女性）？

（b）怎么看待喝醉酒、穿着过于暴露甚至被"带走"的女性？

（c）你的家人、朋友对你去酒吧的态度是什么样的？你一般如何应对？

（d）基于其他人对你去酒吧的态度，为什么还是选择去酒吧？

（e）你觉得其他人或者社会对男女两性去酒吧的态度有什么不同吗？对此你是怎么看待的？

（f）会觉得去酒吧喝酒、熬夜伤身吗？会的话，为什么还会去？

7. 关于未来去酒吧的想法

（a）会一直去酒吧吗？

（b）什么情况下你觉得应该不会再去酒吧了？为什么？

酒吧工作人员访谈提纲

1. 个人基本信息收集：性别、年龄、学历、户籍所在地、婚姻状况等

2. 职业选择

（a）你是怎么进入酒吧这个行业的？

（b）为什么会选择进入酒吧这个行业？

3. 酒吧的定位

（a）你们酒吧的定位是什么？

（b）主要的目标消费群体是谁？

（c）如何吸引消费者？

（d）消费水平如何？

4. 酒吧的基本运营模式

（a）在酒吧工作期间，你观察到的酒吧最大的改变是什么（消费群体、玩乐模式、消费水平等）？为什么会发生这种改变？

（b）现在酒吧的娱乐模式是什么样的？

（c）这种娱乐模式受欢迎的关键点是什么？

5. 服务与情况处理

（a）工作过程中有遇到过诸如肢体冲突、性骚扰、酒醉或"捡尸"等情况吗？

（b）你一般会如何预防或者处理这些情况？

6. 关系运营

（a）为什么很多酒吧会倾向于针对女性推出各种优惠、免费活动？

（b）你一般是如何发展、巩固客户的？

（c）这些发展、巩固客户的策略在男性客户和女性客户之间有差别吗？

附录二　受访者基本信息

化名	性别	年龄（岁）	角色	去酒吧/在酒吧工作 年限（年）
林悦	女	22	消费者	3
如彬	女	22	消费者	3
思思	女	21	消费者	3
韩萌	女	21	消费者	3
陈晴	女	21	消费者	2
星语	女	22	消费者	3
白妮	女	22	消费者	7
奕欣	女	24	消费者	6
丰研	女	22	消费者	3
芬芬	女	22	消费者	3
凯丽	女	22	消费者	6
静琳	女	26	消费者	6
陈希	女	22	消费者	3
叶娟	女	23	消费者	5
薇羽	女	20	消费者	2
吴岩	女	24	消费者	3
舒影	女	22	消费者	5
冰冰	女	22	消费者	3

化名	性别	年龄（岁）	角色	去酒吧/在酒吧工作年限（年）
凤珠	女	32	消费者	16
李芸	女	26	消费者	7
瑾萱	女	26	消费者	7
邵彬	男	29	消费者	10
胡力	男	20	消费者	5
蔡时林	男	20	消费者	5
杨凯	男	20	消费者	5
小魏	男	27	酒吧营销	9
同伟	男	23	酒吧营销	2
志雄	男	29	酒吧营销	11
丁宇	男	27	酒吧营销	7
潘俊	男	24	酒吧营销	3

注：以上年龄、年限的计算时间均截至 2021 年底。

图书在版编目（CIP）数据

走进酒吧的年轻女性：消费新时代的性别实践与身
份认同／黄燕华著.－－北京：社会科学文献出版社，
2024.2（2024.4 重印）
（田野中国）
ISBN 978－7－5228－3101－5

Ⅰ.①走…　Ⅱ.①黄…　Ⅲ.①女性－消费经济学－研
究　Ⅳ.①F014.5

中国国家版本馆 CIP 数据核字（2023）第 244707 号

田野中国
走进酒吧的年轻女性：消费新时代的性别实践与身份认同

著　　者／黄燕华

出　版　人／冀祥德
责任编辑／佟英磊　孙　瑜
责任印制／王京美

出　　　版／社会科学文献出版社·群学出版分社（010）59367002
　　　　　　地址：北京市北三环中路甲 29 号院华龙大厦　邮编：100029
　　　　　　网址：www.ssap.com.cn
发　　　行／社会科学文献出版社（010）59367028
印　　　装／三河市龙林印务有限公司

规　　　格／开　本：889mm×1194mm　1/32
　　　　　　印　张：7.875　字　数：183 千字
版　　　次／2024 年 2 月第 1 版　2024 年 4 月第 2 次印刷
书　　　号／ISBN 978－7－5228－3101－5
定　　　价／88.00 元

读者服务电话：4008918866